नद

nada

Karin Jundt

Der Sinn
des Lebens und
die Lebensschule

Sonnwandeln Band I
Buchreihe für spirituelle Entwicklung
und Selbstveränderung

nada

Reihe Wegweiser

Bibliografische Information der Deutschen Nationalbibliothek:
Die Deutsche Nationalbibliothek verzeichnet diese Publikation in der
Deutschen Nationalbibliografie; detaillierte bibliografische Daten sind
im Internet über http://dnb.d-nb.de abrufbar.

Herstellung: Books on Demand GmbH, Norderstedt
Printed in Germany

ISBN 978-3-907091-05-0

*Sri Aurobindo und The Mother
gewidmet, in Dankbarkeit für
den sonnigen Weg*

Inhaltsverzeichnis

Wir sind nicht menschliche Wesen,
die eine spirituelle Erfahrung machen,
wir sind spirituelle Wesen, die eine
menschliche Erfahrung machen.

Pierre Teilhard de Chardin

Einleitung

Spiritualität findet im Alltag statt. Diese Einsicht prägt seit über zwanzig Jahren mein Leben. Nachdem ich davor jahrzehntelang meinen Weg gesucht hatte.

Die katholischen Überzeugungen aus meiner Kindheit in Italien warf ich nach dem Umzug in die weniger religiöse Schweiz als Teenager über Bord. Eine Weile bezeichnete ich mich als Atheist und bewegte mich zugleich in allen möglichen esoterischen Strömungen, bis ich mich schließlich dem Buddhismus zuwandte. Während eines Jahrzehnts meditierte ich intensiv, folgte verschiedenen Gurus – die Erleuchtung war mein Ziel. Ich erlag der gleichen Überheblichkeit wie viele meiner damaligen Weggefährten und hielt mich für überaus spirituell. Meine Fortschritte maß ich an den Praktiken: Ich schaffte es, immer länger ruhig zu sitzen und mich immer tiefer in die Meditation zu versenken.

Die Erleuchtung erlangte ich dabei nicht. Und glücklich war ich auch nicht, obwohl auf der weltlichen Ebene offensichtlich alles stimmte, Gesundheit, Partnerschaft, Beruf, Geld. Der Grund dafür lag darin, dass meine ganze Spiritualität mir im alltäglichen Leben nichts nützte: Nach wie vor besaß ich kein Selbstwertgefühl und kaum Urvertrauen, litt unter vielen Ängsten...

Die Wende kam nach dem Tod meines Lebenspartners. Damals lernte ich einen spirituellen Menschen kennen, der sich von meiner „abgehobenen" Spiritualität nicht beeindrucken ließ und mir schonungslos aufzeigte, wie lebensuntauglich ich tatsächlich war. Und mich liebevoll zu Selbstliebe und Urvertrauen führte, zu wahrer Hingabe ans Göttliche – an das ich als Buddhistin bis dahin gar nicht geglaubt hatte.

→ Von meiner Bekehrung zum Göttlichen erzähle ich in Band V mehr

Mein Schlüsselerlebnis, das mich in jener Anfangszeit vollends zur Alltagsspiritualität bekehrte, fand in Indien statt. Ich lebte bereits seit einigen Tagen im Ashram eines bekannten Gurus, aber ich fühlte mich dort nicht wohl. Es war alles genormt und dogmatisch, Äußerlichkeiten schienen mir eine zu große Rolle zu spielen. So flüchtete ich ins Dorf und mischte mich unter „normale" Menschen.

→ Ashram: siehe Glossar Seite 211

Als ich in einem Straßenrestaurant einen Tee genoss, entdeckte ich am Nachbartisch eine Frau, etwa vierzig, die konzentriert in einem Buch las. Sie war mir in den Tagen davor schon im Ashram aufgefallen. Ich hatte sie bewundert, denn sie konnte stundenlang auf dem harten Boden in einem perfekten Yogasitz in tiefster Versenkung und mit einem glückseligen Ausdruck im Gesicht weilen. Nie sah ich sie mit anderen reden oder überhaupt etwas anderes tun als meditieren oder lesen. Sie muss der Erleuchtung schon ganz nahe sein, dachte ich ein bisschen neidisch.

Rund um uns spielten einige Kinder mit einem Ball; ich schaute ihnen zu und freute mich über ihre laute Fröhlichkeit und Sorglosigkeit, obwohl sie offenbar bettelarm und sehr mager waren. Während ich noch überlegte, ob ich ihnen Sandwiches kaufen sollte, stieß ein Junge, bestimmt nicht älter als sechs, beim ausgelassenen Herumtoben an die Frau, die immer noch in ihrem Buch las. Sie sprang auf und schrie die Kinder auf Englisch an, sie sollen endlich aufhören zu stören und sich zum Teufel scheren. Mit einer solchen Wut, dass ihr sonst ebenmäßiges, friedliches Gesicht sich zu einer hässlichen Fratze verzerrte.

In dem Moment stieg in mir die Erkenntnis auf, die meinen künftigen spirituellen Weg prägen sollte: Was nützt alles Meditieren und alle „Heiligkeit", wenn ein paar unschuldige, fröhliche Kinder einen derart in Rage versetzen?

Den Ashram verließ ich noch am selben Tag und buchte mir den nächstmöglichen Rückflug.

Nun habe ich aber genug über mich erzählt. Noch einige Worte zu dieser Buchreihe. Vor gut zehn Jahren begann ich, *Sonnwandeln* zu schreiben, eine Schriftenreihe für spirituelle Entwicklung im Alltag. Es entstanden schließlich dreißig thematische Ausgaben, insgesamt über 600 Seiten. Den Namen *Sonnwandeln* wählte ich in der doppelten Bedeutung von *„auf dem sonnigen Lebensweg wandeln"* und *„sich zu einem sonnigen Gemüt wandeln"*. Diese Schriftenreihe, die es nur in elektronischer Form gab, habe ich jetzt in gedruckte Bücher umgeformt und bei dieser Gelegenheit gründlich überarbeitet. Den ersten Band hältst du in Händen, die übrigen vier erscheinen nach und nach.

→ Übersicht über die ganze Buchreihe: Seite 214

Jedes Kapitel entspricht einer Ausgabe der früheren Schriftenreihe und weist die gleiche Struktur auf: „Einführende Gedanken" stellt eine Einleitung ins Thema dar und wirft auch Fragen auf, die ich dann in den weiteren Rubriken „Vertiefende Aspekte" und „Fragen & Antworten" konkret und alltagsbezogen behandle, wie es meine Art ist.

Zu jedem Thema gibt es eine Aufgabe für die innere Entwicklung, ergänzt durch Vorschläge für Affirmationen, eine Imagination oder Meditation und unterstützende Heilsteine und Bach-Blüten.

Bei meiner nunmehr über vier Jahrzehnte währenden Beschäftigung mit den Weltreligionen und verschiedenen spirituellen Richtungen stieß ich auf viele Parallelen, die mich stets faszinierten. Obwohl mich, neben meinen beiden spirituellen Lehrern, die Schriften des indischen Philosophen und Mystikers Sri Aurobindo und seiner spirituellen Gefährtin The Mother am stärksten prägten, nahm ich auch immer wieder wichtige Erkenntnisse aus anderen hinduistischen Schulen, Buddhismus, Christentum, Kabbala und Sufismus auf – wenn sie in mir als Wahrheit anklangen.

→ Sri Aurobindo, The Mother: siehe Glossar Seite 213

Aber ich bin keine spirituelle Lehrerin und kein Guru. Mit dieser Buchreihe will ich, über die Lehre des Karma Yoga hinaus, Anregungen zu einer im Alltag gelebten und praktizierten Spiritualität anbieten, beruhend auf dem, was ich von meinen Lehrern gelernt habe, und auf meinen eigenen Erfahrungen. Nimm dir daraus, was in dir anklingt und dir hilft, im Hier und Jetzt und auf deinem spirituellen Weg glücklicher zu wandeln.

→ Informationen über mein Buch „Karma Yoga": Seite 218

Zum Schluss noch zwei klärende Bemerkungen: Ich duze dich, lieber Leser, weil wir alle Gefährten auf dem Weg zum Göttlichen sind – das Du empfinde ich als verbindend. Und ich verwende um der leichteren Lesbarkeit willen weder unnatürlich anmutende geschlechtsneutrale Formen noch das Anhängsel „Innen", sondern beschränke mich auf die männliche Form.

Ich wünsche dir viel Freude und spannende Erfahrungen auf deinem Lebensweg!

November 2015

Auf dem Sonnwandeln-Weg

Die Sonnwandeln-Buchreihe bietet dir Anregungen zur Selbstveränderung, um spirituell zu wachsen und um das Leben freudiger und erfüllter zu gestalten. Im Mittelpunkt steht ein „sonniger" Pfad, auf dem du vor allem Selbstwertgefühl, Urvertrauen und Gleichmut aufbaust und stärkst. Dazu dienen die empfohlenen Aufgaben und Übungen. Deine neuen Erkenntnisse kannst du im alltäglichen Handeln, im Umgang mit deinen Mitmenschen, bei der Bewältigung von Herausforderungen und Krisen laufend umsetzen.

Das Konzept des Sonnwandeln-Weges beruht auf drei Grundsätzen:

- **Grenzenlose Spiritualität: Es gibt so viele Wege zum Göttlichen, wie es Menschen gibt.**
→ Das Göttliche: siehe Glossar Seite 212
Jeder von uns durchläuft einen eigenen spirituellen Prozess mit Herausforderungen und Chancen, zu lernenden Lektionen und entsprechenden Hilfen. Mit meiner Sonnwandeln-Reihe zeige ich undogmatisch Möglichkeiten der inneren Wandlung auf. Ich stütze mich dabei auf ein breites Fundament aus christlichen, jüdischen, islamischen, buddhistischen, hinduistischen Ansätzen und tradierter spiritueller Weisheit aller Zeiten und Weltgegenden, ebenso wie auf Psychologie und Philosophie.

Die absolute Wahrheit gibt es nicht auf der menschlichen Ebene. Und was für den einen ein gangbarer Weg ist, kann für den anderen nicht geeignet sein; was gestern undenkbar war, kann heute richtig sein und morgen überholt. Wahrscheinlich wird dich also nicht alles ansprechen, was du in diesem Buch liest, und nicht jeder darin beschriebene Entwicklungsschritt ist für dich gegenwärtig angesagt. Sei bei der Lektüre deshalb offen für Neues und Fremdes, horche aber zugleich in dich hinein, ob die Texte und Anregungen in dir eine Resonanz finden. Nimm an, was in dir anklingt, und lass bleiben, was für dich nicht stimmt.

- **Spiritualität findet im Alltag statt.**

Ich lehne eine Spiritualität, die sich auf Gebet und Meditation beschränkt oder einen Rückzug aus der Welt vorsieht, keineswegs ab – wie gesagt, es gibt so viele Wege zum Göttlichen… Mein Weg ist es allerdings nicht. Denn zu oft habe ich beobachtet, wie Menschen – ich eingeschlossen –, die sich für spirituell halten, weil sie stundenlang in Versenkung verweilen und Askese praktizieren, im Alltag dann ihren Ängsten erliegen, Wut, Eifersucht und andere niedere Triebe nicht im Griff haben, nur ein schwaches Selbstwertgefühl besitzen. Kurz: durch ihre Spiritualität das Leben nicht besser meistern und nicht zufriedener sind als unspirituelle Menschen.

Ich glaube, dass das Leben selbst unser Lehrer ist und das Göttliche uns darin führt. Im Alltag sollen wir demnach spirituell wachsen und dabei auch glücklich sein. In jedem Augenblick unseres Lebens können wir uns durch den Umgang mit den Mitmenschen, mit den Herausforderungen, Krisen und Chancen weiterentwickeln und die spirituellen Eigenschaften erwerben, die uns der Einheit mit dem Göttlichen näherbringen – Loslassen des Ego, Gleichmut, Liebe und Selbstliebe, Freisein von Begehren, Angst und Anhaftung.

→ Ego: siehe Glossar Seite 211

- **Es gibt einen sonnigen Weg durch das Leben!**
Spiritualität ist nicht zwangsläufig asketisch, weltfremd, mit Rückzug aus der Welt verbunden, wie es östliche Religionen zum Teil vermitteln. Ebenso wenig ist es nötig, in diesem Leben zu leiden, um dann im Jenseits die ewige Glückseligkeit zu erlangen, wie gewisse christliche Richtungen es nahelegen.

Nicht das äußere Leben ist der Maßstab für Spiritualität, sondern die innere Haltung. Wir dürfen und sollen alles Schöne dieser Welt genießen. Dazu wurde es doch erschaffen! Aber nicht daran hängen. Es nicht begehren, aber dankbar annehmen, wenn es uns geschenkt wird. Auf der anderen Seite: das sogenannt Leidvolle, Unangenehme, Verhasste nicht als solches betrachten, sondern gleichmütig akzeptieren im Bewusstsein, dass der göttliche Plan vollkommen ist und alles, was uns geschieht, einen Sinn hat.

Sobald wir gelernt haben, auf das Göttliche absolut zu vertrauen, uns ganz hinzugeben und führen zu lassen, wird unser Weg leicht, die Schatten verschwinden und wir wandern tatsächlich auf einem sonnigen Weg, ohne Furcht und Sorge, mit innerer Zufriedenheit. Das Paradies auf Erden ist unser angeborenes Recht: Es liegt aber an uns selbst, es in dieser Welt zu verwirklichen.

Tipps zum Umgang mit der Sonnwandeln-Reihe
Ich empfehle dir, die Bände in ihrer Reihenfolge zu lesen, ebenso wie die Kapitel innerhalb eines Bandes.

Lies jeweils ein Kapitel vollständig, bevor du mit der Aufgabe zur Selbstveränderung praktisch beginnst; vor allem in den Rubriken „Einführende Gedanken", „Vertiefende Aspekte" und „Fragen & Antworten" findest du die Grundlagen dazu. Mit der Aufgabe zur Selbstveränderung solltest du eine Weile arbeiten, ein paar Wochen, vielleicht sogar Monate, bevor du zur Aufgabe des nächsten Kapitels übergehst. Das Gleiche gilt für die zur Unterstützung empfohlenen Affirmationen, Bach-Blüten und Heilsteine.

Ich bin mir bewusst, dass sich tiefe Ängste und eingravierte Verhaltensmuster nicht in kurzer Zeit vollständig beseitigen lassen. Doch indem du dich wenigstens eine Zeit lang intensiv damit beschäftigst, setzt du eine Art Impuls, der im Unbewussten auch weiter wirkt, wenn du dich nicht mehr mit dem entsprechenden Thema befasst. Entscheidend ist dabei vor allem, dass du die Veränderung ernsthaft willst – dann wirkt eine höhere Kraft.

Geh mit der Aufgabe um, so gut du es kannst und für dich als sinnvoll spürst. Folge stets deiner Inneren Stimme und tue etwas nie, weil ein Buch es dir vorschreibt, sondern nur eigenverantwortlich und selbstbestimmt.

Sei nie entmutigt, falls du meinst, nicht weiterzukommen, immer wieder über die gleichen Schwierigkeiten stolperst, denke nicht: „Ich schaffe es nie!". Entscheidend ist der Wille, das Ziel zu erreichen. Sag dir immer wieder: „Ich weiß, dass ich es schaffe!" Bemühst du dich ehrlich, so wird die Veränderung eintreten – aber vielleicht nicht dann, wenn du es gerne möchtest, sondern wenn für dich der richtige Augenblick gekommen ist.

Kann man in einer klaren Nacht nach oben schauen, ohne sich zu fragen, wo das Himmelsgewölbe beginnt und wo es endet? Was jenseits davon ist und wer das alles erschaffen hat? Und was der Sinn des Universums ist? Wer möchte nicht gerne einen Blick auf die andere Seite werfen... (Bild: Flammarions Holzstich „Wanderer am Weltenrand", Künstler unbekannt)

1. Der Sinn des Lebens und unsere Lebensaufgabe

Themen dieses Kapitels
• Der Sinn der Welt und der Menschheit • Der biologische und der spirituelle Sinn • Der Sinn des individuellen Lebens • Geld verdienen und Genuss sind für die meisten Menschen nicht genug • Sinnvolle und sinnlose Tätigkeiten? • Wie finden wir unsere weltliche Lebensaufgabe? • Die Lebensaufgabe ist nicht mit dem Beruf gleichzusetzen • Nützlich sein für die anderen? • Berufswahl, Änderung des Berufs • Routine, Alltag, mangelnde Befriedigung

Entwicklungsziel
Ich gehe der Frage nach meiner Lebensaufgabe in dieser Welt nach; dabei erkenne ich aber auch, dass ich sie dem höheren Sinn, nämlich meiner inneren Entwicklung, unterordnen soll. Zudem verstehe ich, dass ich nicht krampfhaft nach einer sinnvollen Tätigkeit suchen muss, und lerne, Freude an meinen gegenwärtigen Pflichten zu finden.

Hat das Leben einen Sinn?

Eine der Fragen, die fast jeden Menschen früher oder später beschäftigen, ist die nach dem Sinn des Lebens, dem allgemeinen und dem individuellen: Warum gibt es die Erde und das Universum? Was ist der Sinn meiner Existenz? Hat das Ganze überhaupt einen Sinn?

Vielen ist der Gedanke, dass alles aus Zufall entstanden sein könnte und dem Chaos überlassen ist, ohne Zweck und Ziel, unerträglich. So ging es mir als Teenager, als ich mich von der katholischen Kirche, ihren Lehren und ihrem Gott abwandte. Hätte ich mich damals nicht auf die Suche nach einem neuen Glauben gemacht, wäre ich wahrscheinlich am Gedanken verzweifelt, dass wir hier unsere siebzig, achtzig Jahre ohne höheres Ziel durchleben und schließlich mit dem Tod einfach für immer erlöschen.

Glauben wir an einen Gott oder an eine höhere Macht in irgendeiner Form, so führt dies meistens auch zur Überzeugung, dass die Welt mitsamt dem menschlichen Sein einen höheren Sinn hat. Jenseits von Religion und Spiritualität genügt es manchen Menschen zuweilen schon ihn darin zu sehen, zum Wohl der Gemeinschaft zu handeln, auf der Welt etwas zu bewegen oder zu wissen, dass ein Teil von ihnen ihren Tod überdauert, etwa ein Werk von bleibendem Wert oder Nachkommen. Diese Vorstellung vermittelt ihnen die Zuversicht, ihre Existenz sei nicht umsonst.

Die absolute Wahrheit kennt niemand, es bleibt am Ende Glaubenssache, ob wir dem Universum einen Sinn zugestehen oder nicht. Die Ausrichtung des individuellen Daseins, die Planung der Zukunft, auch die Strategien, mit denen wir unser Glück verfolgen, hängen indes nicht unwesentlich damit zusammen, welche Antwort auf die Sinnfrage jeder von uns für sich selbst findet.

Der Sinn der Welt und der Menschheit

In der Mythologie verschiedener Kulturen, einschließlich der Schöpfungsgeschichten der Weltreligionen, wird selten ein Grund angegeben, warum ein Gott die Welt erschaffen hat; manchmal heißt es, er habe sich gelangweilt, sich allein gefühlt oder er habe sich offenbaren wollen. In den sogenannten heiligen Schriften – von Menschen verfasst und interpretiert! – wird meistens gefordert, die Geschöpfe müssten dem Gott gehorchen, ihn lieben, ehren, lobpreisen. Das ist logisch nachvollziehbar, glaubt man prinzipiell, dass es ein uns übergeordnetes Wesen gibt, das uns und alles Existierende erschaffen hat und Macht über uns besitzt.

Die mystischen Richtungen der Religionen sehen den Lebenssinn des Menschen hingegen darin, Gott zu erkennen, zu verwirklichen, die Einheit mit ihm zu erlangen, und zwar dadurch, dass wir die sichtbare äußere Welt transzendieren, zur letzten Wahrheit durchdringen, im Buddhismus Nirwana genannt. Im Hinduismus spricht man auch davon, dass die ganze erfahrbare Manifestation des Göttlichen, die wir Schöpfung nennen, nichts als eine Illusion sei (Sanskrit: Maya); es gelte zu erkennen, dass es nur Eines gibt, das Göttliche.

→ Transzendieren, Nirwana, Hinduismus, Maya: siehe Glossar Seiten 212 und 213. Maya: vergleiche auch Seite 88

In einem stimmen die Religionen und spirituellen Wege indes überein: Das Universum und mit ihm die menschliche Existenz hat einen Sinn, der über die biologischen Ziele von Arterhaltung und Evolution hinausgeht.

Der Sinn des individuellen Lebens

Ob gläubig oder nicht, viele Menschen begnügen sich nicht damit, Geld zu verdienen und ein angenehmes, vergnügtes Leben zu führen. Sie suchen nach einem spirituellen und/ oder nach einem weltlichen Sinn.

Beide sind nicht leicht zu finden. Was Ersteres betrifft, so fühlen sich einige zwar von einem Glaubenssystem angezogen, aber es fällt ihnen schwer, ihm gänzlich zu folgen, aus den unterschiedlichsten Gründen: mit der Zeit aufkommende Zweifel, schwierige Umsetzbarkeit im Alltag, Konflikt mit familiären, beruflichen, persönlichen Zielen und mehr.

Auf der weltlichen Ebene ist es nicht minder schwer, seinem Leben einen überzeugenden Sinn zu verleihen. Manche verspüren zwar Neigungen zu gewissen Tätigkeiten und Lebensformen, fühlen sich vielleicht sogar zu etwas berufen und folgen ihrer vermeintlichen Bestimmung, um irgendwann zu erkennen, dass darin doch nicht der absolute Sinn liegen kann. Oder sie scheitern an den äußeren Umständen, vielleicht weil das sogenannte Schicksal ihnen unüberwindbare Hindernisse in den gewünschten oder geplanten Weg legt.

→ Vergleiche
Seite 147

Andere wiederum wissen nicht, welche Richtung einschlagen, oder verlieren sich immer wieder im Leben; sie nehmen lediglich wahr, dass sie mit ihrem Beruf oder mit ihrer ganzen Lebenssituation unzufrieden sind, erkennen jedoch nicht, was sie ändern sollen, wohin steuern.

Aber: Wäre das Dasein für uns Menschen tatsächlich leichter, wenn wir mit Sicherheit wüssten, wozu wir auf der Welt sind und welche unsere Lebensaufgabe ist? Machen wir uns dabei nicht zu viele Gedanken, schaffen uns Probleme, wo keine sind? Ist es nicht eine Illusion anzunehmen, die einen Tätigkeiten seien sinnvoller als andere und unsere Zufriedenheit hänge davon ab, was wir vollbringen und leisten?

Hat denn nicht das Tun, das Handeln seinen Sinn in sich selbst, ebenso wie das Leben seinen Sinn in sich selbst hat? Und findet sich nicht die Antwort auf die Frage nach dem Sinn und unserer Lebensaufgabe in unserer eigenen Seele?

Der biologische und der spirituelle Sinn der Schöpfung

Betrachten wir das Universum seit der Entstehung bis heute, stellen wir fest, dass sich die Einheit zur Vielheit entfaltet hat. Beim Urknall, so lehrt uns die Wissenschaft, begann ein „Etwas", das alles extrem dicht komprimiert in sich vereinte, zu expandieren, und es entstanden Galaxien mit Sternen und Planeten. Auf der vorerst unbelebten Erde erschienen später die lebenden Organismen, Einzeller. Sie schlossen sich zu Gruppen zusammen, spezialisierten sich, bildeten Pflanzen und Tiere, die sich von einfachen zu immer komplexeren Systemen wandelten.

Neben dieser Ausformung zur Komplexität erkennen wir zudem, dass die Natur alles Erdenkliche zu verwirklichen versucht. Schauen wir nur den Artenreichtum an, die oft bizarren Wesen – und stellen wir uns im Gegenzug einen Planeten vor, auf dem es ausschließlich Berge aus Granit, braune Erde, Klee, Tannen und Raben gibt! Es geht in der Schöpfung offenbar nicht um Gleichförmigkeit, Eintönigkeit, sondern um die verschiedenartigen Farben, Formen, Materialien, Laute, Düfte...

Das Gleiche gilt für den in der Schöpfung innewohnenden Geist, der überall verschleiert enthalten ist, da doch alles aus dem Einen hervorgegangen ist. Das Göttliche manifestiert sich in seiner Schöpfung nicht in statischer Weise, sondern in einem fortlaufenden Entwicklungsprozess, an dem jedes Wesen, das ganze Universum teilhat. In den Anfängen verbirgt sich das göttliche Bewusstsein in einer „niederen" Form in der unbelebten Materie, dann bereits weiter entwickelt in den Pflanzen und Tieren und schließlich in der gegenwärtig (vermutlich) höchsten Form im Menschen.

Der Sinn des Lebens scheint also auf der materiellen Ebene in der Evolution und Differenzierung zu liegen, auf der spirituellen in der Evolution des Geistes, der Seele, des höheren Selbst, wie man diesen göttlichen Kern auch nennen will.

→ Seele: siehe
Glossar Seite 213

Es stellt sich die Frage, ob diese äußere und innere Evolution ein Ende kennt, ein Ziel: Kommen wir irgendwann irgendwo an? Und danach? Ein ewiger Stillstand oder gar die

Rückentwicklung? Ein Endknall, dem ein neuer Urknall folgt? Geht es immer weiter ins Unendliche, ergeben sich immer neue Möglichkeiten und Wege? Oder vielleicht doch das vollständige Aufgehen im Göttlichen oder das Erlöschen im Nirwana der Buddhisten oder ein ewiges Verweilen der Seele in einem Paradies?

Wir wissen es nicht. Wir brauchen es auch nicht zu wissen, denn es würde an unserem Lebensziel nichts ändern. Generell sollten wir aufhören, Fragen zu stellen, die der inneren Entwicklung nicht unmittelbar dienen. Der Buddha sagte einmal sinngemäß: „Wenn du dich in einem brennenden Haus befindest, dann musst du nicht fragen, wer es angezündet hat und warum, sondern einfach sehen, dass du herauskommst!" Er bezog sich darauf, dass wir uns dem Leiden entziehen sollten, ohne zu wissen, warum es überhaupt existiert.

*   *   *

Der individuelle Sinn des Lebens und die eigene Lebensaufgabe

Der spirituelle Sinn unseres Lebens und somit unsere übergeordnete Lebensaufgabe liegt, der Evolution der ganzen Schöpfung entsprechend, in der inneren Entwicklung, im Weg zur Gottesverwirklichung während dieser irdischen Existenz, unabhängig davon, ob sie unsere einzige ist oder ob unsere Seele wiedergeboren wird, ob die Evolution endlich oder ewig ist. Das bedeutet: Alles, was uns diesem Ziel näherbringt, ist gut; alles, was uns von diesem Ziel entfernt, ist schlecht; alles, was diesem Ziel nicht dient, ist nutzlos. Wie der heilige Niklaus von der Flüe treffend formulierte: „Mein Herr und mein Gott, nimm alles von mir, was mich hindert zu dir; gib alles mir, was mich fördert zu dir; nimm mich mir und gib mich ganz zu eigen dir."

Manche, die an die Reinkarnation glauben, meinen, dass sich unsere Seele, bevor sie sich verkörpert, eine Aufgabe aussucht, die sie im bevorstehenden Leben erfüllen will. Eine spirituelle Aufgabe wohlverstanden, etwa eine bestimmte Anhaftung loslassen, bedingungslose Liebe lernen, eine der vielen Ängste überwinden.

Mag sein, es ist nicht undenkbar, aber ich zweifle daran. Tatsache ist, dass uns nichts Konkretes über diese Aufgabe bekannt ist – wie könnten wir sie dann erfüllen? Liegen nicht vielmehr die Lehren für unsere innere Entwicklung in den Herausforderungen, die uns das sogenannte Schicksal nach und nach zuführt, im Überwinden der Unvollkommenheiten, die wir im Laufe des Lebens an uns erkennen?

→ Vergleiche Kapitel 3 über das Schicksal

Wir werden vom Göttlichen an die „Lektionen" herangeführt, die uns zu innerem Wachstum verhelfen, unabhängig davon, welchen Beruf wir ausüben, ob wir Familie haben oder nicht, wie wir unsere Freizeit gestalten... Somit dürfen wir uns im weltlichen Leben dem zuwenden, was wir möchten, wozu wir uns hingezogen fühlen, und jeden Tag leben, wie er sich anbietet. Entscheidend ist dabei lediglich, dass wir alles, was wir tun, so gut wie möglich tun. Es gibt einige bekannte, vordergründig etwas banal anmutende Weisheiten, die uns dazu anleiten:

• Wenn du nicht tun kannst, was du liebst, so liebe, was du tust.

• Strebe nicht das an, was dir Freude schenkt, sondern erfreue dich an dem, was dir geschenkt wird.

• „Ich schlief und träumte, das Leben sei Freude; ich erwachte und sah, das Leben ist Pflicht. Ich handelte und siehe – die Pflicht war Freude." (Rabindranath Tagore)

In der Tat machen sich gerade Menschen, die an ein spirituelles Ziel des Lebens glauben, besonders viele Gedanken darüber, wie sie im gewöhnlichen Alltag sinnvoll leben können. Schließlich findet das Leben hier auf der Erde statt und hier sollten wir mit beiden Füßen fest stehen.

Ich selbst war viele Jahre lang mit meiner weltlichen beruflichen Tätigkeit unzufrieden, hielt sie für unnütz und wünschte mir, etwas Sinnvolles tun zu dürfen. Es hat lange gedauert, bis ich erkannte, dass mein einziges Ziel – meine innere Entwicklung – nicht davon abhängt, womit ich meinen Lebensunterhalt verdiene. Im Gegenteil, später sah ich ein, dass sich mir gerade in meiner unbefriedigenden beruflichen Umgebung ausgezeichnete Möglichkeiten geboten hatten, zu lernen und zu wachsen. Ich habe sie oft nicht genutzt.

Nun stelle ich fest, dass offenbar viele Menschen den gleichen Weg gehen (müssen) wie ich: Zuerst eine sinnvolle, befriedigende weltliche Aufgabe finden, sich damit auseinandersetzen, bis sie diese dann loslassen können und bereit sind, das zu tun, was das Göttliche ihnen anbietet.

Deshalb gehe ich in diesem Kapitel auch der Thematik der weltlichen Aufgaben nach, vornehmlich in der Rubrik „Fragen & Antworten".

Der Krieger, der nicht kämpfen wollte
Eine indische Geschichte (frei nacherzählt aus der Bhagavadgita)

→ Bhagavadgita: siehe Glossar Seite 211

Arjuna, ein edler junger Mann der Kriegerkaste, steht auf dem Schlachtfeld und schaut verzagt und unschlüssig zum Feind hinüber: Verwandte und Freunde sieht er in den gegnerischen Reihen – es ist Bürgerkrieg.

„Ich will nicht gegen all meine Lieben kämpfen", sagt er und legt die Waffen nieder. „Sollen sie mich töten, bevor ich meinen Bogen gegen sie richte."

Sein Wagenlenker, der verkörperte Gott Krishna, erwidert: „Durch mich und keinen anderen sind alle diese Krieger bereits erschlagen, werde du nur zum Vollstrecker. Du tötest nur die, die schon von mir getötet sind. Und der Weise betrauert weder die Lebenden noch die Toten – denn die Seele erschlägt nicht noch wird sie erschlagen. Also auf in den Kampf!"

Aber der tapfere Krieger lässt den Kopf immer noch hängen. Er seufzt: „Wozu soll es gut sein? Selbst wenn die Gegner von Gier und Macht getrieben werden und großes Unrecht tun! Nicht einmal die Herrschaft über die Welt wäre den Krieg wert..."

„Du gehörst der Kriegerkaste an, deine Aufgabe ist der Kampf", erklärt Krishna. „Es ist heilsamer, wenn du deine Lebensaufgabe annimmst und erfüllst, selbst mangelhaft, als wenn du eine fremde Aufgabe gut ausführst. Handelst du im Einklang mit deinem Wesensgesetz, entsteht keine Sünde."

Arjuna beginnt langsam zu verstehen. „Selbst wenn meine Aufgabe so schreckliche Taten bedingt?", fragt er, noch nicht ganz überzeugt.

„Weihe mir alle deine Taten, handle nicht aus Angst, Zorn oder Begehren, sondern im absoluten Vertrauen in mich."

Arjuna spricht: „Durch deine weise Belehrung ist meine Verblendung beseitigt, meine Zweifel sind zerstreut, nun bin ich stark. Nach deinen Worten will ich handeln."

Wie finden wir die sinnvolle weltliche Aufgabe, die unserer Seele entspricht?

→ Seite 25 Wie ich vorhin schon sagte, innerlich wachsen können wir bei jeder Aufgabe. Und das Göttliche führt uns ohnehin an die Herausforderungen heran, die für uns nützlich sind. Einige allgemeine Hinweise zum Erkennen der geeigneten weltlichen Aufgabe will ich dennoch geben.

• Wir sollten uns von allen uns auferlegten gesellschaftlichen Vorstellungen lösen, wie: Es ist wichtig, eine gute Ausbildung und einen sicheren Job zu haben; man sollte etwas Sinnvolles tun, was der Allgemeinheit nützt; man muss eine Familie mit Kindern gründen; kulturelle Interessen, aktive Freizeitgestaltung, soziale Kontakte sind unerlässlich.

• Die Dinge und Tätigkeiten, zu denen wir uns als kleine Kinder (bis etwa zum Kindergartenalter) besonders hingezogen fühlten, gehören wahrscheinlich zu unserem wahren Wesen. Damals lebten wir nämlich noch mehr aus unserer Seele als aus dem Ego und waren von der Umgebung noch nicht allzu stark beeinflusst.

• Hingegen müssen wir sorgfältig prüfen, ob das, was uns vermeintlich interessiert oder was wir gerne machen oder nicht mögen, tatsächlich zu unserem wahren Wesen gehört und nicht etwa aus der Nachahmung von Vorbildern und der Beeinflussung durch Bezugspersonen stammt. Manches übernehmen wir nämlich von außen und speichern es in unserem Unbewussten, von wo es dann Berufswahl, Wohnort und -form, Partnerschaft, Familie und mehr prägt. Eine Zeit lang meinen wir dann vielleicht, damit recht glücklich zu werden, besonders wenn wir dabei auch einigermaßen erfolgreich sind. Doch oft tritt eines Tages, bevorzugt während Lebenskrisen (Tod eines geliebten Menschen, Scheidung, Verlust des Arbeitsplatzes und andere), eine unbestimmte Unzufriedenheit auf oder die Frage nach dem, „was ich wirklich will", ein leiser Wunsch nach Veränderung oder gar ein deutlicher nach einer bestimmten Tätigkeit oder Lebensform.

• Spirituell gesehen gibt es weder sinnvolle noch sinnlose Aufgaben. Deshalb dürfen wir uns ruhig den Dingen und

Tätigkeiten zuwenden, von denen wir uns angezogen fühlen, die unser Herz erwärmen, die uns *echte Freude* schenken – mehr als die Befriedigung, die aus der Anerkennung unserer Mitmenschen entsteht, als das Selbstwertgefühl, das daraus erwächst, dass wir etwas leisten, Gutes tun, erfolgreich sind.

• Auch gibt es weder gute noch schlechte Aufgaben, sondern nur jene, die uns weiterführen, und andere, die unsere innere Entwicklung hemmen. Wie weiter oben im Zusammenhang mit dem allgemeinen Sinn der Schöpfung erläutert, scheint das Göttliche zudem die Vielfalt anzustreben und alles Denkbare zu manifestieren. Somit hat alles seine Berechtigung und seinen Platz. Es kann nicht nur Könige und Helden geben – auch wenn wir das gerne wären! –, es braucht ebenso Bettler und Feiglinge, um dieses kosmische Schauspiel zu inszenieren. → Seite 23

• Manchmal werden uns Aufgaben auf unseren Weg gestellt, sie fallen uns gewissermaßen zu oder wir werden in sie getrieben. Es ist nicht immer das, was unser Ego möchte, denn für unsere innere Entwicklung lernen wir wohl mehr, wenn wir nicht das tun, was wir ohnehin schon gut können und uns Spaß macht. Um Gleichmut zu üben, kann eine langweilige, unbefriedigende Beschäftigung besser geeignet sein; um das Urvertrauen zu stärken, eine schwierige Aufgabe, die uns beinahe überfordert.

Abschließend will ich noch festhalten:
• Unsere innere Entwicklung ist ständig im Fluss. Wenn das Leben die Schule für unser Bewusstsein ist und unserer inneren Entwicklung dient, scheint es durchaus plausibel, dass wir unserer Wandlung entsprechend immer wieder andere Aufgaben übernehmen möchten/müssen.

• Da wir stets in der Gegenwart leben sollten, im Augenblick, besteht die jeweilige Aufgabe im Kleinen jedenfalls immer darin, das zu tun, was gerade ansteht. → Vergleiche Seiten 119 und 132

• Vielleicht wird die Frage oder die Suche nach der eigenen Aufgabe im irdischen Leben überbewertet; möglicherweise ist dies eine rein menschliche Vorstellung, wahrscheinlich ist der göttliche Plan viel offener, flexibler…

* * *

Ist es spirituell gesehen – und auch für die eigene Zufriedenheit – nicht doch besser, einen Beruf auszuüben, der für andere einen Nutzen hat?

Die wahre Zufriedenheit kommt von innen, vom reinen Sein, und darf nicht von den äußeren Umständen abhängig gemacht werden. Doch ist es natürlich eine Tatsache, dass wir, bevor wir auf dieser Gleichmutsstufe angelangt sind, unsere Zufriedenheit aus verschiedenen Quellen schöpfen: aus der Pracht der Natur, dem Wohlklang eines Liedes, der Zuneigung eines Freundes, der Liebe, die wir schenken, unseren guten Taten, der Anerkennung der Mitmenschen.

Beruflich findet also einer seine Zufriedenheit darin, dass er Gärten pflegt und bunte Blumen pflanzt, ein anderer liebt seine Arbeit als Buchhalter, ohne dass daraus ein echter Nutzen für die Welt entstünde, und wieder anderen ist es eine Befriedigung, wenn sie einen sozialen Beitrag leisten.

Bringt unsere Arbeit zugleich etwas Nützliches, Sinnvolles hervor, umso besser. Sie darf aber durchaus auch nur uns selbst Freude bereiten. Wie ein spiritueller Meister einmal sagte: „Mach jeden Tag einen Menschen glücklich!" Nach einer Weile ergänzte er: „Auch wenn dieser Mensch du selbst bist." Und noch ein wenig später fügte er hinzu: „Vor allem, wenn dieser Mensch du selbst bist."

Jeder soll und darf deshalb die für ihn persönlich erwünschte und beglückende Aufgabe wählen. Wie schon gesagt: Unsere übergeordnete Lebensaufgabe ist die innere Entwicklung, unser Weg zum Göttlichen, und diesem Ziel werden wir unabhängig von unserem Beruf nähergebracht.

→ Seite 24

Ich brauche nicht zu betonen, dass es selbstverständlich besser ist, als Pflegefachfrau anderen zu helfen denn Menschenhandel zu betreiben. Wir tragen nämlich die spirituelle Verantwortung für unsere Taten.

→ Das Thema der Verantwortung behandle ich ausführlicher auf den Seiten 94/95 und 118

Von idealisierten altruistischen Vorstellungen müssen wir uns jedoch lösen, denn was der göttliche Plan vorsieht, wissen wir nicht, und wir überblicken immer nur eine minimale Zeitspanne und einen winzig kleinen Bereich. Es übersteigt unseren menschlichen Verstand uns vorzustellen, was aus dem, was wir tun – und sei es etwas „Böses"–, in einer nahen und fernen Zukunft entstehen kann und wird.

Zudem ein weiterer Gedanke zum Thema Altruismus. Es gibt sie, keine Frage, die dienenden Menschen, die nur das Wohl anderer im Auge haben. Dennoch dürfen wir nicht übersehen, dass wir uns zuweilen auch aus egoischen Motiven gemeinnützig engagieren. Vom Wunsch, die (Frei-) Zeit sinnvoll einzusetzen, über das Bedürfnis, uns nützlich und gebraucht zu fühlen sowie Dankbarkeit zu empfangen, bis hin zur Notwendigkeit, Ansehen, gar eine gewisse Macht zu erlangen, sind die Motive für gute Taten breit gefächert. Wir sollten ehrlich in uns hineinhorchen und unsere eigenen wahren Beweggründe erkennen.

→ Egoisch: siehe Glossar Seite 212

*　*　*

Dürfen wir uns ausschließlich der Erleuchtung widmen und uns von der Welt vollständig zurückziehen? Uns nicht mehr um den Lebensunterhalt kümmern und dadurch der Familie oder der Gemeinschaft zur Last fallen?
In Indien würde man diese Frage bejahen, Asketen und Bettelmönche sind dort hoch angesehen. Das beruht auf einer jahrtausendealten Tradition, welche die Erleuchtung als Lebensziel anerkennt. Bei uns fände ein solches Verhalten hingegen wohl kaum gesellschaftliche Akzeptanz.

Fühlt sich jemand aber zu dieser Lebensform hingezogen, so sollte er auf sich hören und seinen Weg gehen, unabhängig davon, ob er von den Mitmenschen nicht verstanden oder gar verurteilt wird. Allerdings muss er auch bereit sein, alle Konsequenzen seiner Entscheidung zu tragen, bittere Armut, Entbehrungen und nicht zuletzt vielleicht auch die Bosheit und Feindseligkeit der Leute. Brotlose Künstler, die dem Ruf ihrer Kunst kompromisslos folgen, gibt es schließlich auch.

*　*　*

Dürfen wir unsere Träume verwirklichen und die materielle Sicherheit aufs Spiel setzen, obwohl wir die Verantwortung für eine Familie tragen?
Es ist immer eine Gratwanderung abzugrenzen, bis wohin die Verantwortung für andere Menschen reicht und wo es

aus einem falsch verstandenen Pflichtgefühl bereits in die Missachtung der eigenen Selbstbestimmung übergeht. Ich persönlich mache folgenden Unterschied: Wir sind verantwortlich für unsere unmündigen Kinder, die noch nicht selbst für sich sorgen und sich nicht um sich selbst kümmern können, für unsere Tiere und Pflanzen. Wir sind aber nicht verantwortlich für mündige Erwachsene, die in der Lage sind, ihre Entscheidungen für ihr Leben zu treffen.

→ Kapitel 6 zur Inneren Stimme

→ Vergleiche Seiten 94/95, 119 und 155

Niemand kann jedoch einem anderen Menschen diesbezüglich einen konkreten Rat geben. Jeder muss auf seine Innere Stimme hören, allerdings vor derjenigen des Ego auf der Hut sein, ferner darauf vertrauen, dass er niemandem etwas antun kann, was nicht zu einer für diesen Menschen vorgesehenen Erfahrung führt.

In letzter Konsequenz sind wir immer nur uns selbst gegenüber verantwortlich – doch auch die Nächstenliebe und das eigene Zurückstehen zugunsten von Mitmenschen sind wertvolle Erfahrungen.

*   *   *

Wenn wir mit dem, was uns Freude bereitet, den Lebensunterhalt nicht verdienen können, müssen wir uns damit abfinden, es nur als Hobby zu betreiben?
Wenn wir nicht davon leben können, bleibt uns nichts anderes übrig. Unsere Aufgabe besteht dann wohl darin zu lernen, an unserer Erwerbstätigkeit Freude zu finden und sie so gut auszuüben, wie wir es vermögen, und die Abwechslung zwischen den beiden unterschiedlichen Bereichen „berufliche Tätigkeit" und „Hobby" zu schätzen. Dabei bleiben wir wachsam für das, was das Göttliche uns auf den Weg legt. Meistens sind wir Menschen nämlich zu ungeduldig, wir messen in Wochen oder Monaten, bestenfalls in wenigen Jahren, und möchten Veränderung und Zielerreichung sofort sehen, anstatt auf den perfekten göttlichen Plan zu vertrauen, der uns exakt dann an etwas heranführt, wenn die Zeit dafür reif ist.

→ Das Thema der Wünsche behandle ich in Band IV ausführlich

Es wird immer gesagt, wir sollen unsere Träume verwirklichen und sie leben. Es ist richtig, Träume und Wünsche zu haben: Bringen wir sie dem Göttlichen vor und lassen sie dann los, im Vertrauen, dass sie sich erfüllen, erstens, *falls es gut für uns ist*, und zweitens, *im geeigneten Zeitpunkt.* Ich selbst war seinerzeit auch zu ungeduldig und habe es später, wenn nicht bereut, so doch bedauert, dass ich meine gut bezahlte Tätigkeit aufgegeben habe.

Manchmal ist es auch eine Frage der Aufrichtigkeit und Intensität unseres Strebens: Sind wir bereit, für die Verwirklichung eines Traums eine längere Durststrecke und Entbehrungen auf uns zu nehmen? Akzeptieren wir die Kehrseite der Medaille? Gehen wir beim Verfolgen unseres Ziels konsequent genug vor?

Wir sollten dabei aber auch nicht vergessen, dass tief empfundene Wünsche eine starke Energie darstellen, die sich zu verwirklichen sucht – unabhängig davon, ob dies für uns tatsächlich gut ist. Nicht umsonst wird gesagt: „Wen Gott bestrafen will, dem erfüllt er seine Wünsche."

→ Vergleiche Seiten 153/154

*   *   *

Es gibt auch Menschen, die ganz gut mit der Überzeugung leben, das Universum habe keinen Sinn, zumindest keinen höheren. Woher beziehen sie ihr Urvertrauen und die Kraft, tagtäglich in diesem weltlichen Irrsinn zu leben und weiterzumachen?

Es gibt für das Ego der Menschen genügend Beweggründe und Energiequellen. Dass es sich dabei um Urvertrauen handelt, bezweifle ich. Vielmehr trägt sie die Hoffnung, Lust und Genuss zu erlangen – wenn auch nur kurzfristig, wenn auch mit schmerzlichen Konsequenzen verbunden – und dieses Streben gibt ihnen Energie.

Was dem Ego Lust und Genuss verschafft, ist individuell: Der eine findet sie im Geld, der andere in der Macht, ein dritter im Abenteuer, manche in der Liebe, einige gar im Leiden, in der Opferrolle. Die Motivation, im „weltlichen Irrsinn" mitzuspielen – falls das Ego es überhaupt als Irrsinn empfindet –, und dementsprechend auch die Kraftquelle sind neben der Aussicht auf Erfüllung der Wünsche oft auch der Kampf und das Drama des Lebens an sich.

Doch wir wissen alle aus Erfahrung, dass auch rücksichtslosen Egoisten, die nicht an eine höhere Macht oder einen Sinn in der Schöpfung glauben, das Leben und der Alltag nicht leichter fallen. Lustorientiertes Handeln kann Urvertrauen nicht aufwiegen.

*   *   *

Warum sind manche Menschen mit ihrem Beruf oder ihrer Tätigkeit nicht glücklich, finden aber nicht heraus, was sie zufriedener machen könnte?
Vielleicht, weil es nicht *die* Tätigkeit gibt, welche diese Menschen glücklich macht. Vielleicht, weil das Ego Werte setzt, etwa ein hoher Lohn, die nicht mit der Sehnsucht der Seele vereinbar sind, und diese Spaltung sorgt an sich schon für Unzufriedenheit. Vielleicht weil die entscheidende Einsicht noch fehlt...

Etwas konkreter formuliert: Nichts wird uns richtig und anhaltend glücklich machen, solange
• wir meinen, unsere Zufriedenheit aus äußeren Umständen beziehen und/oder sie an andere Menschen delegieren zu können;
• uns die Erkenntnis und der Gleichmut fehlen, mit dem zufrieden zu sein, was wir haben, und bei der Tätigkeit Freude zu finden, die wir gerade ausüben (müssen);
• wir zu ungeduldig sind und der Zeit nicht ihren Lauf lassen, um uns an das heranzuführen, was uns entspricht, sondern vom einem zum anderen springen oder krampfhaft versuchen, etwas durchzusetzen;
• oder an Illusionen hängen und blind sind für das Gute, das uns angeboten wird.

*   *   *

Wie sollen Jugendliche bei der Berufswahl vorgehen, um zu finden, was ihrer Lebensaufgabe entspricht, und wie können wir sie dabei unterstützen?
Manche junge Leute haben klare Vorstellungen über ihre berufliche Zukunft, andere sind verunsichert und orientierungslos. Sie befinden sich meistens in einer Phase starker innerer Veränderung, und neben dem Beruf spielt vieles eine wichtige Rolle in ihrem Leben: Liebe, Freunde, Zuge-

hörigkeit zu einer Gruppe und nicht zuletzt auch Fragen im Zusammenhang mit den großen Problemen der Welt. Wie wir alle, möchten sie in ihrem Leben glücklich werden und befürchten, in Bezug auf die Berufswahl eine „falsche" Entscheidung zu treffen, mit der sie später unzufrieden sind. Manchmal spielen auch Unsicherheit und Versagensängste mit, die Ungewissheit, ob sie den Anforderungen der Lehre oder des Studiums gewachsen sind, der Vorgesetzte oder der Professor sie mögen wird und vieles mehr. Natürlich gibt es daneben auch die Jugendlichen, die scheinbar einfach „keinen Bock" auf nichts haben, faul, nachlässig und unwillig sind – doch selbst hinter solchen verneinenden Einstellungen verbergen sich meistens nur Selbstzweifel und Ängste, manchmal auch fehlgeleitete Vorstellungen über das Leben und die Gesellschaft.

Wie können wir unsere Kinder bei der Berufswahl unterstützen? Das lässt sich pauschal nicht beantworten, denn so individuell die Jungen sind, so individuell muss unsere Art sein, mit ihnen umzugehen. Deshalb von meiner Seite nur einige allgemeine Anregungen.

• In erster Linie sollten wir unsere eigenen Ängste in Bezug auf unsere Kinder begraben, diese Ängste, die uns sagen: Mein Kind muss einen anständigen Beruf haben, es braucht eine gute Ausbildung, damit es in der Leistungsgesellschaft bestehen kann, es soll es besser haben als ich… Auch wenn es um unsere Kinder geht, die wir über alles lieben und denen wir ein sorgenfreies Leben von Herzen wünschen, sollten wir unser Urvertrauen nicht vergessen. Sie werden vom Göttlichen geführt und getragen – und sie befinden sich, wie wir alle, in dieser Lebensschule der inneren Entwicklung, sodass sie den für sie bestimmten Herausforderungen und Lektionen nicht entkommen, welchen Beruf sie auch wählen, ebenso wenig wie wir ihnen zu etwas verhelfen können, was nicht in ihrem Lebensplan vorgesehen ist. Deshalb beschränkt sich unsere Verantwortung darauf, sie nach bestem Wissen und Gewissen zu leiten, ihnen beizustehen. Und vor allem, sie zu lieben, bedingungslos.

→ Diesen Gedanken vertiefe ich in Band II im Kapitel über das Urvertrauen

• Haben wir, wie im vorangehenden Punkt erläutert, unsere eigenen Ängste und idealisierten Vorstellungen abgelegt, können wir unseren Kindern ebenso dazu verhelfen:

– Wir vermitteln ihnen die Zuversicht, dass sie nichts falsch machen können, dass sie in jedem künftigen Augenblick das Recht haben, ihre Entscheidung zu revidieren, dass es kein Versagen gibt, nur wertvolle Erfahrungen.

– Wir ermuntern sie dazu, den Beruf zu wählen, der ihnen Freude macht, unabhängig davon, wie die künftigen Verdienstmöglichkeiten aussehen oder ob andere Herausforderungen damit verbunden sind: Sie können mit einem Studium der Wirtschaftswissenschaften arbeitslos oder unglücklich werden, ebenso wie sie als Künstler ihren Lebensunterhalt verdienen und ihr Glück finden können.

– Wir lassen ihnen Zeit und drängen sie nicht übermäßig, denn nicht jedes Kind ist zu einem bestimmten Zeitpunkt, beispielsweise beim Schulabgang, in seiner Entwicklung gleich weit gediehen – die einen brauchen ein Jahr länger oder mehr. Das habe ich mit einer meiner Auszubildenden erlebt, die ich trotz sehr schlechter Schulnoten dennoch in die Lehre genommen habe: Nach drei Jahren hat sie mit Bestnoten abgeschlossen!

– Wir stärken ihr Selbstbewusstsein, ihren Mut, ihr Urvertrauen und ermuntern sie, auf sich selbst zu hören, etwas zu wagen und sich von den Meinungen ihrer Kollegen nicht beirren zu lassen.

• Am wichtigsten ist, dass sie unsere Liebe spüren und sich sicher fühlen, von uns nie im Stich gelassen zu werden.

* * *

Warum stürzen viele in eine Midlife-Crisis und sind mit der beruflichen oder persönlichen Situation unzufrieden?
Dieses Phänomen tritt nicht selten auf, aber viele ergeben sich darin und ändern nichts daran, meistens aus Angst vor einer ungewissen Zukunft. Doch immer wieder hört man auch von Aussteigern, Managern in hohen Positionen, die ihr geordnetes Leben in Wohlstand an den Nagel hängen und sich selbst verwirklichen wollen. Ebenso wie von Frauen und Männern, die sich vom Partner trennen und eine neue bereicherndere Beziehung eingehen.

Einerseits wird unsere sogenannte Midlife-Crisis durch äußere Umstände hervorgerufen: Es ist die Zeit, in welcher

→ Dieses Thema behandle ich im nächsten Kapitel ausführlich

die Kinder ausziehen; auch beruflich haben wir die uns mögliche Karrierespitze meistens erreicht und zudem im Leben schon einiges an Genuss erfahren (Reisen, Hobbys, Schiff am Meer, Ferienwohnung in den Bergen), sodass Perspektiven und Herausforderungen fehlen.

Andrerseits, selbst wenn wir uns vorher bereits mit Religion oder Spiritualität beschäftigt haben, drängt unsere Seele jetzt, uns verstärkt und zielgerichteter unserer wahren Lebensaufgabe zu widmen – denn die Zeit wird knapp. Das äußert sich unter anderem darin, dass wir an manchem, was uns früher Spaß machte, keine richtige Freude mehr finden oder es sogar überdrüssig sind, unsere berufliche und/oder soziale Stellung uns weniger wichtig scheint, bei der Liebesbeziehung andere Werte an Bedeutung gewinnen, der Alltagstrott uns mehr und mehr belastet und Fragen nach dem Sinn des Ganzen („War das mein Leben?"; „Was habe ich aus meinem Leben gemacht?") uns immer öfter bedrängen. All das ist nichts Beunruhigendes, im Gegenteil: Es ist die Sehnsucht der Seele nach innerem Wachsen – wir suchen neue Lektionen in der Lebensschule, neue Erfahrungen und Einsichten, Voranschreiten, Entwicklung. Im Grunde genommen ist es der Normalzustand, oder sollte es sein, dass wir von Zeit zu Zeit das Bedürfnis nach einer Veränderung spüren.

Deshalb dürfen wir uns durchaus nach neuen Ufern umsehen, auch nochmals „von vorne anfangen", beispielsweise mit einer neuen Ausbildung, einer neuen Partnerschaft oder einer neuen Lebensform. Manchmal werden uns solche Veränderungen auch von außen aufgedrängt wegen eines Todesfalls, des Verlusts des Arbeitsplatzes, finanzieller Probleme und mehr.

Sehen wir sie nicht als Bedrohung, sondern als Chance, Neues zu lernen, an Selbstwertgefühl/Selbstliebe, Urvertrauen und Gleichmut zu wachsen und dem Göttlichen näherzukommen. Wo steht denn geschrieben, dass eine Entscheidung ewig zu gelten hat oder dass wir ein Leben lang das Gleiche tun müssen?

* * *

Woran liegt es, dass wir manchmal trotz häufiger Stellen-
und Berufswechsel nach einer Weile Überdruss empfinden
und es uns wieder zu etwas Neuem zieht?
Jede individuelle Situation ist anders. Ich beschreibe nachfolgend drei grundlegende Möglichkeiten.

• Es kann tatsächlich im Lebensplan eines Menschen vorgesehen sein, dass er immer wieder den Arbeitsplatz, den
Beruf wechselt; das geschieht, um neue Erfahrungen zu
sammeln und innerlich zu wachsen. Es ist also die Seele,
die diesen Mangel an Befriedigung empfinden lässt, um zur
Veränderung zu veranlassen.

• Wir haben bisher unsere wahre Aufgabe noch nicht gefunden, und auch in diesem Fall ist es die Seele, die uns ermuntert, nicht beim Bestehenden zu bleiben, sondern wei-
terzusuchen. Wenn das der Fall ist, sollten wir die nächste
Arbeitsstelle und die nächste Tätigkeit sorgfältiger wählen.
Anregungen dazu gebe in diesem Kapitel, unter anderem
→ Seite 42 auch in der „Aufgabe zur Selbstveränderung".

• Es ist das Ego, das nach immer neuen Herausforderungen und Emotionen sucht, selbst wenn es dabei zwischen-
zeitlich zu leidvollen Erfahrungen kommt. Der Wunsch, im
Drama des Lebens mit seinem Auf und Ab mitzuspielen, ist
nämlich eine typische Eigenschaft des Ego. In diesem Fall
sollten wir einmal in einem Job ausharren, uns in Geduld
und Gleichmut üben, unsere Aufgabe stets mit Freude und
Pflichtbewusstsein erfüllen, wachsam sein für das, was auf
uns zukommt, und erkennen, was wir daraus lernen können.

Jeder von uns hat etwas Unbehauenes, Unerlöstes in sich, daran
unaufhörlich zu arbeiten seine heimlichste Lebensaufgabe bleibt.
Christian Morgenstern

Lauf nicht der Vergangenheit nach und verliere dich nicht in der
Zukunft. Die Vergangenheit ist nicht mehr. Die Zukunft ist noch nicht
gekommen. Das Leben ist hier und jetzt.
Buddha

Das Ziel ist für alle gleich, der einzige Unterschied besteht im Weg.
Hazrat Inayat Khan

Viele von uns sind in ihrer Kindheit und Jugend ihrer Seele sehr viel
näher als in späteren Jahren, und wir haben zu dieser Zeit eine klare
Vorstellung von unserer Lebensaufgabe, von dem, was uns erwartet,
und dem Charakter, den wir entwickeln sollen.
Edward Bach

Ich lebe darum, dass ich lebe.
Meister Eckhardt

Wir verlangen, das Leben müsse einen Sinn haben – aber es hat nur
ganz genau so viel Sinn, als wir selber ihm zu geben imstande sind.
Hermann Hesse

Das eigene Wesen völlig zur Entfaltung zu bringen, das ist unsere
Bestimmung.
Oscar Wilde

Religion ist die Auflösung des Ich und ein Handeln, das dieser Stille
entspringt. Ein solches Leben ist ein sinnvolles, ein heiliges Leben.
Krishnamurti

Der Sinn wird verdunkelt, wenn man nur kleine fertige Ausschnitte
des Daseins ins Auge fasst.
Dschuang Dsi

✧ Mein übergeordneter Sinn des Lebens besteht in der inneren Entwicklung, in der Gottesverwirklichung. Daraus ergibt sich auch meine spirituelle Lebensaufgabe: Hingabe an das Göttliche und Aufbau/Stärkung der Eigenschaften, die mich auf dem Weg unterstützen, vor allem Urvertrauen, Selbstwertgefühl und Gleichmut.

✧ Die persönliche Lebensaufgabe in dieser Welt kann nur jedes Individuum selbst für sich finden. Deren Bedeutung darf jedoch nicht überschätzt werden, denn keine Tätigkeit ist sinnvoller als eine andere. Oft sind es gerade diejenigen Aufgaben, die uns herausfordern, die wir nicht gerne machen, die wir nicht gut können, welche uns in unserer Entwicklung weiterführen. Wobei wir durchaus das machen dürfen und sollen, was uns Freude bereitet.

✧ Entscheidend ist: stets in der Gegenwart leben, in jedem Augenblick tun, was gerade zu tun ist, mit Gleichmut und Freude.

✧ In Bezug auf meine Lebensaufgabe – wie im Übrigen bei allem – sollte ich mir bewusst sein, dass meine Zufriedenheit aus mir selbst entspringen muss und nicht von äußeren Umständen abhängen darf.

✧ Bin ich unzufrieden, weil ich glaube, meine Lebensaufgabe nicht zu finden?

✧ Wehre ich mich gegen Veränderungen und Wandel, selbst wenn ich in sie getrieben werde, um daraus zu lernen?

✧ Ist es mein Ego, das ständig nach neuen Herausforderungen strebt?

✧ Lege ich zu viel Wert darauf, mich einer sinnvollen Aufgabe zu widmen?

✧ Nehme ich die Aufgabe, die mir Freude bereiten würde, nicht an, weil ich zu ängstlich bin, zu wenig Urvertrauen besitze?

✧ Vergesse ich zuweilen, dass mein wahrer Lebenssinn in meiner inneren Entwicklung besteht und alles andere diesem Ziel untergeordnet ist?

Entwicklungsziel

Ich gehe der Frage nach meiner Lebensaufgabe in dieser Welt nach; dabei erkenne ich aber auch, dass ich sie dem höheren Sinn, nämlich meiner inneren Entwicklung, unterordnen soll.
Zudem verstehe ich, dass ich nicht krampfhaft nach einer sinnvollen Tätigkeit suchen muss, und lerne, Freude an meinen gegenwärtigen Pflichten zu finden.

→ Bitte beachte „Tipps zum Umgang mit der Sonnwandeln-Reihe" auf Seite 17

Aufgabe A: Freude an meinen täglichen Pflichten finden
Ich bemühe mich ernsthaft, Freude bei allem zu empfinden, was ich tue: berufliche Tätigkeit, Haushalt, Pflichten mit Familie, Freunden, Garten, Haustieren und mehr, vornehmlich bei den Tätigkeiten, die ich „eigentlich nicht gerne mache" oder die mir gleichgültig sind, mich langweilen und ähnlich. Ich gehe dabei wie folgt vor:

1. Bei jeder Tätigkeit suche ich nach einem Detail, das mir gefällt. Beispiele: Ich bügle zwar nicht gerne, aber es bereitet mir Freude, die frisch gebügelte Wäsche zu falten; das Sortieren und Abheften von Dokumenten mache ich zwar nicht gerne, aber mir gefällt das Pult, an dem ich dabei sitze; Unkraut jäten mache ich zwar nicht gerne, aber ich mag die warme Sonne auf meinem Rücken.

→ Die letzten beiden Punkte der Aufgabe greife ich in Band IV nochmals auf

2. Ich vertiefe mich in die Tätigkeit, lasse alle Empfindungen von Lust oder Unlust los, identifiziere mich ganz mit der Tätigkeit, werde zur Tätigkeit selbst.

3. Jede Tätigkeit weihe ich dem Göttlichen, ich erfülle meine Pflicht für das Göttliche und bin in Gedanken ganz bei ihm, woraus meine Freude am Handeln entsteht, unabhängig von der jeweiligen Tätigkeit.

Aufgabe B: Suche nach meiner weltlichen Aufgabe
Dazu dient dir die Tabelle auf der folgenden Doppelseite.
Geh wie folgt vor:

• Fülle zuerst bei *allen* Punkten (1 bis 6) aus, was jeweils
gefragt ist. Die aufgeführten Beispiele sind bei Weitem nicht
abschließend, sie sollen dir vielmehr aufzeigen, in welche
Richtung du nachdenken solltest. Lass dich auf jeden Fall
spontan von deinen Eingebungen leiten.

• Erst daraufhin beantwortest du für dich die darunter stehenden Fragen, indem du in dich hinein spürst und ganz
ehrlich zu dir selbst bist.

Die Antworten und Einsichten, die du aus dieser Introspek-
tion gewinnst, helfen dir vielleicht, klarer zu erkennen, was
du im Leben tun willst und/oder solltest. Sei dir dabei bewusst, dass es oft nicht das Angenehme ist, das uns weiterbringt, und halte dir stets die übergeordnete Lebensaufgabe vor Augen: deine innere Entwicklung.

Die Aufgabe B kannst du auch erst nach der Meditation von
Seite 47 in Angriff nehmen.

Fragenkatalog für die Aufgabe B von Seite 43

1. Was kann ich besonders gut?
Beispiele: analytisch denken, Menschen führen und motivieren, im Team arbeiten, selbstständig arbeiten, …

....

....

....

Fördern die Fähigkeiten, die ich besitze, meine innere Entwicklung, weil sie mich immer wieder in neue Situationen führen? Oder bedeuten sie Stillstand, weil sie keine Herausforderung mehr darstellen?

2. Was mache ich gerne?
Beispiele: mit meinen Händen arbeiten, in der Natur sein/arbeiten, Menschen helfen oder dienen, Musik, Kunst, Technik, körperlich arbeiten, tüfteln, …

....

....

....

Mache ich es gerne, weil ich mich dadurch weiterentwickle? Oder einfach weil ich es gut kann, darin erfolgreich bin, von den Mitmenschen dafür anerkannt und geachtet werde?

3. Was liegt mir überhaupt nicht?
Beispiele: auf Menschen zugehen, mich durchsetzen und/oder mein Recht verteidigen, Verantwortung übernehmen, Probleme angehen und lösen, …

....

....

....

Sollte ich diese Fähigkeiten, die mir fehlen, entwickeln, um innerlich zu wachsen? Oder sind sie nicht für mich bestimmt, würden sie meiner Entwicklung nicht dienen?

4. Was mache ich ungern?

Beispiele: feine und/oder präzise Arbeiten, über längere Zeit konzentrieren, mich auf Konflikte einlassen, …

....

....

....

Mache ich es ungern, weil es meine Seele nicht will und andere Aufgaben/Herausforderungen für mich wichtiger sind? Oder weil ich es nicht gut kann, den Misserfolg fürchte, es als unangenehm empfinde?

5. Was hat mir als Kind Freude gemacht?

Beispiele: allein für mich spielen, etwas bauen oder basteln, lesen, zeichnen, schreiben, andere Kinder belehren oder führen, Rätsel lösen, draußen herumtollen, die Natur entdecken, …

....

....

....

Wurde mir diese Freude in die Wiege gelegt, gehört also zu meinem wahren Wesen? Oder wurde sie mir durch meine Bezugspersonen anerzogen?

6. Welche Träume habe ich für mein Leben?

....

....

....

Entstammen diese Träume der Tiefe meiner Seele, einem reinen, wahren inneren Antrieb? Oder beruhen sie auf egoischen Zielen, falsch verstandenem Idealismus oder Altruismus, einer Flucht, anerzogenen Vorstellungen, Ängsten?

Affirmationen

→ Bitte beachte die detaillierte Anleitung auf Seite 202

Alle Türen öffnen sich vor mir, ich habe alle Möglichkeiten.

Jetzt entscheide ich mich für ein neues Leben.

Ich lasse meine Wünsche los und vertraue dem Göttlichen.

Alles in mir und um mich wirkt zu meinem Besten, es wird kommen.

Ich habe Vertrauen in meine Fähigkeiten und meinen Weg.

Ich halte an meinen Vorsätzen und meinem Weg fest.

Ich erfülle meine Pflichten mit Liebe und Freude.

Ich ändere mein Leben und fühle mich dabei getragen.

Meine Zufriedenheit liegt in mir selbst, sie ist immer da.

Ich bin offen für meine Innere Stimme und meine Intuition.

Der göttliche Plan für mich erfüllt sich Schritt um Schritt.

Ich allein bestimme über mein Leben.

Meine Zukunft ist voller Licht und Freude.

Ich nehme die Herausforderungen meiner Situation an.

MEDITATION

Die nachfolgende Meditation kann dir zu einem tieferen Einblick in die spirituelle Dimension deiner Lebensaufgabe verhelfen.

→ Bitte beachte die detaillierte Anleitung auf Seite 203

• Ich schließe die Augen und werde innerlich still, indem ich mich auf den Atem konzentriere, ohne seinen Rhythmus zu beeinflussen. Bei dieser Übung verbleibe ich, bis ich innerlich ruhig bin und die Gedanken einigermaßen schweigen.

• Wenn ich ruhig und still bin, stelle ich mir die erste Frage: *Wer bin ich?* Ich kann sie in Gedanken formulieren oder sie mir bildlich auf einer Wandtafel oder einer weißen Wand geschrieben vorstellen. Vielleicht wiederhole ich sie auch mehrmals. Dann schweige ich innerlich und lasse geschehen: Es können Bilder aufkommen, Intuitionen, eine Art Wissen und mehr. Ich versuche, nicht zu denken und zu analysieren, sondern zu schauen und zu empfinden.

• Ist diese Erfahrung verblasst, stelle ich mir in der gleichen Weise die nächste Frage: *Woher komme ich?* Wieder lasse ich geschehen, schaue, was in mir aufkommt.

• Die nächste Frage lautet: *Wohin gehe ich?*

• Und schließlich als letzte Frage: *Was ist meine Aufgabe?*

• Beginnt die Erfahrung zu verblassen, so fühle ich mich wohl und geborgen, genieße den Frieden und die Ruhe in mir. Dann atme ich tief in den Bauch, öffne die Augen, verharre noch eine Weile regungslos, schaue um mich, spüre meinen Körper und bewege mich langsam.

→ Bitte beachte
die detaillierte
Anleitung
auf Seite 206

Haupt-Blüten

Seelenzustand	Nr.
Ich habe wenig Vertrauen in meine Fähigkeiten und versuche deshalb nichts Neues.	19
Ich bin unschlüssig und wankelmütig, treffe keine Entscheidungen.	28
Ich habe keine klaren Vorstellungen über meine Ziele, finde meine Lebensaufgabe nicht.	36
Ich spüre zwar, wohin mein Weg führt, bin aber verunsichert und wage den Schritt nicht.	33

Gewählte Blüten:

☐ ☐ ☐ ☐

Zusatz-Blüten

Seelenzustand	Nr.
Ich traue meiner Intuition nicht, lasse mich durch andere verunsichern.	4
Ich hänge an der Vergangenheit und das hindert mich daran, vorwärts zu gehen.	16
Ich fühle mich meinen gegenwärtigen Aufgaben nicht gewachsen, empfinde mich als überfordert.	11
Ich habe verfahrene Ansichten und hänge an gewissen Prinzipien.	27

Gewählte Blüten:

☐ ☐ ☐ ☐

EMPFOHLENER HEILSTEIN: FALKENAUGE

→ Bitte beachte
die detaillierte
Anleitung auf
Seite 209

Wirkung

Das Falkenauge verleiht Durchblick, lässt uns unser Ziel klar erkennen und ansteuern; es verhilft aber gleichzeitig dazu, einen neutralen und nüchternen Blickwinkel und geistige Distanz zu wahren, sodass wir nicht nur unsere Stärken, sondern auch unsere Schwächen sehen und lernen, damit umzugehen.

Anwendung

Auf dem Körper tragen; da die Wirkung in der Regel sehr schnell eintritt, nicht länger als 2 Wochen anwenden.

Reinigen und Aufladen

Das Entladen ist mit Wasser kaum möglich, deshalb unbedingt über Nacht in eine Schale mit Hämatit-Trommelsteinen legen. Einmal pro Monat über Nacht auf einem Bergkristall wieder aufladen.

Rückschau und Vorschau

Nachdem du eine Weile – in der Regel mehrere Wochen – in deinem Alltag zum Thema dieses Kapitels an dir gearbeitet hast, blickst du kurz zurück und schaust, wo du stehst. Kreuze bei den untenstehenden Aussagen an, was auf dich zutrifft. Sei ehrlich zu dir selbst, ohne falsche Bescheidenheit und ohne Selbstvorwürfe oder Entmutigung – es ist nur eine Bestandesaufnahme, ohne Wertung, um zu erkennen, in welchem Bereich du dich noch bemühen kannst... damit du wirst, was du bereits bist.

Lernziele dieses Kapitels Erreicht:	Ja	Nein
Ich habe meine Aufgabe in dieser Welt erkannt und den Mut gefunden, sie in Angriff zu nehmen. Oder: Meine Geduld, auf die für mich bestimmte Aufgabe zu warten, ist gewachsen. Oder: Ich habe die für mich einst wichtige Frage nach meiner individuellen Lebensaufgabe relativiert und erkannt, dass ich nicht weiter danach suchen soll.	☐	☐
Es gelingt mir recht gut, mich ganz in die jeweilige Tätigkeit zu vertiefen.	☐	☐
Ich habe gelernt, mich an dem zu erfreuen, was ich tue/tun muss.	☐	☐
Oft denke ich mittlerweile daran, meine Arbeit dem Göttlichen zu weihen.	☐	☐
Ich habe verstanden, eine Aufgabe nicht für sinnvoller als eine andere zu halten, und setze deshalb meine Prioritäten richtig.	☐	☐
Meistens schaffe ich es, bestimmte Tätigkeiten anderer Menschen nicht als minderwertig zu betrachten.	☐	☐
Hie und da gelingt es mir bereits, das zu tun, was ich wirklich möchte, denn ich wage es, mich über meine Angst hinwegzusetzen.	☐	☐

Mein weiterer Entwicklungsschritt

Notiere jetzt eine Einsicht/Herausforderung/Aufgabe, an der du arbeiten willst – aber nur eine!
Dann prägst du sie dir gut ein, bittest das Göttliche, dich dabei zu führen und dein Bemühen zu fördern, und lässt sie los. Du kannst jetzt mit dem nächsten Kapitel und dessen Aufgaben weiterfahren.

Den Entwicklungsschritt, den du hier aufgeschrieben hast, darfst du von Zeit zu Zeit nachlesen, gewissermaßen zur Erinnerung, aber beschäftige dich gedanklich nicht mehr damit. Den Impuls hast du nämlich gesetzt – überlass es dem Göttlichen, ihn so umzusetzen, wie es für dich gut ist.

....

....

....

....

....

....

....

....

....

....

....

....

....

....

....

In der Natur verläuft alles in Zyklen, Zeiten des Blühens wechseln sich mit Zeiten der Dürre ab. Die Essenz, das Leben, besteht fort, überdauert den Umbruch. Die Natur wehrt sich nicht gegen diesen Kreislauf – uns Menschen fällt es oft schwer, daran zu glauben, dass auf herausfordernde Perioden auch wieder leichtere folgen.

2. Lebensphasen und Lebenskrisen

Themen dieses Kapitels
• Die verschiedenen Lebensphasen und Übergänge und ihre besonderen Herausforderungen und Chancen • Die Schwierigkeiten der Umbruchphasen • Andere Lebenskrisen (Scheidung, Tod eines Angehörigen usw.) • Nähe und Distanz in der Pubertät • Die Bedeutung der Wechseljahre • Die Chancen der Übergangsphasen nutzen • Probleme des Älterwerdens

Entwicklungsziel
Ich lerne, Umbruch- und Krisenzeiten als Chancen zu betrachten, und höre auf, Energie in die als negativ bewerteten Aspekte der Krise zu verschwenden, anstatt sie in die Wandlung zu investieren.
Dabei lege ich die Opferrolle ab und verzichte auf die Anteilnahme, das Mitleid und die mir wegen meiner schweren Situation entgegengebrachte Zuwendung.

Die Einteilung des Lebens in Phasen

Von der Zeugung bis zum Tod verläuft unser Leben nicht linear und kontinuierlich; vielmehr ist es in Phasen gegliedert mit teilweise recht turbulenten Übergängen. Der erste ist die Geburt. Bedeutende körperliche und emotionale Veränderungen zeichnen dann beispielsweise auch den Übergang vom Kind zum Jugendlichen aus, also die Pubertät; das Gleiche gilt für das Klimakterium der Frau und des Mannes.

→ Geburt: siehe
Glossar Seite 212

Es besteht jeweils eine Wechselwirkung zwischen der äußeren und der inneren Ebene: Die physischen Veränderungen rufen eine neue emotionale Situation hervor, zugleich übt die geistige Auseinandersetzung mit den körperlichen Symptomen und dem Schritt in einen neuen Lebensabschnitt wiederum einen Einfluss auf die Ausschüttung der Hormone und auf das körperliche Befinden aus.

Eine Periodeneinteilung unseres Gesamtlebens lässt sich also aufgrund körperlicher Merkmale vornehmen: Embryonal-/Fetalperiode – Kindheit – Jugend – Blütezeit des Erwachsenen – Alter.

Betrachten wir hingegen die innere und die soziale Entwicklung, so erkennen wir vier Lebensstadien. Das erste Stadium dient dem Erlernen der Grundlagen, die wir für das Leben brauchen. Es sind dies einerseits die sozialen und zwischenmenschlichen Kompetenzen, die uns hauptsächlich von den Eltern und anderen Bezugspersonen vermittelt werden und die wir im Umgang mit den Mitmenschen einzuüben beginnen, andrerseits die schulische Bildung und die beruflichen Kenntnisse.

In der nächsten Phase gründen wir eine Familie und widmen uns ihr, gleichzeitig verfolgen wir die berufliche Karriere, vielleicht auch soziale oder politische Ziele.

Im dritten Lebensabschnitt, wenn die Kinder auf eigenen Füßen stehen und wir weitgehend von unseren familiären Verpflichtungen befreit sind, später auch von den beruflichen, finden wir mehr Zeit für uns selbst, können uns stärker auf unsere persönlichen Interessen konzentrieren und uns vielleicht auch nochmals neu orientieren.

Schließlich folgt im letzten Abschnitt, unserem Lebens-
abend, eine Zeit des langsamen Rückzugs und der Besin-
nung; in dieser Zeit sollte auch die Vorbereitung auf den
Tod erfolgen.

Es gibt andere Modelle, die von astrologischen Zyklen
ausgehen. An deren Ende finden jeweils Veränderungen
oder Umwälzungen statt, oft von „außen" herbeigeführt,
die uns Chancen bieten für die neue Periode, vor allem im
Hinblick auf unsere innere Entwicklung.

Nicht zuletzt empfinden wir selbst, dass ein Abschnitt
unseres Lebens zu Ende geht und ein neuer beginnt, etwa
bei einer Trennung oder einem einschneidenden Berufswechsel.

Übergangszeit – Lebenskrise?
Manche Menschen stürzen in eine Krise, wenn die ge-
wohnte Lebenssituation sich verändert. Etwa wenn der berufliche Höhepunkt erreicht ist und weitere Karrieremög-
lichkeiten fehlen, bei Arbeitslosigkeit oder wenn die Kinder
das Elternhaus verlassen, bei einem Umzug in eine fremde
Gegend. Jede Veränderung erfordert nämlich ein Umden-
ken, Umstellungen und vor allem die Bereitschaft, das Neue
als wertvolle Chance zu betrachten. Oft sind auch Hindernisse zu überwinden und Probleme zu lösen – kurz: Es ist
anstrengend. Viel einfacher und bequemer wäre es, auf der
gewohnten, eingeübten Bahn weiterzufahren. Zudem erliegen wir unseren Ängsten, vor allem durch die Ungewissheit, wie unsere Zukunft aussehen wird: Bewältigen wir die
neue Situation? Finden wir dabei unser Glück?

Eine andere Ursache für eine Krise sind sich abzeich-
nende körperliche Veränderungen – das normale Älterwerden. Für die meisten liegt die Schwierigkeit in der eigenen
Schwächung: Wir sind nicht mehr so attraktiv, haben Fält-
chen, ein Bäuchlein; die Leistungsfähigkeit lässt nach, wir
halten beim Joggen und Radfahren mit den Jüngeren nicht
mehr mit; die Sehschärfe nimmt ab, der Magen verträgt die
Völlerei nicht mehr, der Kopf nicht die Alkoholexzesse, vielleicht verringert sich auch die Libido oder die Potenz. Dras-
tisch ausgedrückt: Wir nehmen den langsamen Zerfall unseres Körpers wahr.

Die Probleme machen wir uns jedoch ausschließlich selbst, weil wir uns dagegen auflehnen und mit dem Schicksal hadern, das uns beim Älterwerden unsere Kraft und andere Fähigkeiten und Möglichkeiten raubt.

Doch hat nicht jede Lebensphase ihren Sinn, ihre Herausforderungen und Freuden? Ist sie nicht wie eine neue Klasse in der Lebensschule?

Nehmen wir sie an, wie sie ist, ohne wehmütigen Blick zurück und angstvollen Blick in die Zukunft, und nutzen wir sie, wozu sie gedacht ist: nämlich zum Lernen. Dann wird sie sich spannend, abwechslungsreich und sinnvoll gestalten und uns viel Freude schenken.

Die Umbruchphasen als Lebensschule

Ohne Veränderung gibt es keine Entwicklung. Deshalb ist sie unumgänglich, sie ist eine Grundlage des Lebenswegs und der Lebensschule. Dabei haben wir zwei Möglichkeiten:

• Wir können uns laufend weiterentwickeln, bewusst, willentlich, sodass wir innerlich nach und nach wachsen. Dann gelangen wir gut vorbereitet an den jeweiligen Übergangspunkt und schaffen die Prüfung – vielleicht nicht ganz schmerzlos oder ohne zusätzliche Anstrengung, aber wir bestehen sie. Es ist tatsächlich wie in der Schule: Wenn wir dem Unterricht aufmerksam folgen, unsere Hausaufgaben machen und ständig ein bisschen lernen, müssen wir für die Prüfung vielleicht noch etwas büffeln, aber wir gehen zuversichtlich auf sie zu, ohne große Angst, und sind erfolgreich.

• Anders wenn wir nie etwas tun, uns treiben lassen, die Lektionen gar schwänzen, uns also generell dem Lernen verweigern. Die bevorstehenden Prüfungen werden zu einem Schreckgespenst und wir fallen möglicherweise durch. Dann müssen wir sie wiederholen, was uns zusätzliche Energie kostet und noch mehr Angst verursacht. Analog im Leben: Wenn wir dem Fluss des Lebens mit seinen Lernaufgaben nicht freiwillig folgen, werden wir vom Göttlichen hineingetrieben, denn an den für uns bestimmten Lektionen kommen wir nicht vorbei. Diese äußeren Maßnahmen, uns auf den richtigen Weg zu leiten, empfinden wir dann oft als hart, halten sie für ungerecht, bezeichnen sie gar als Schicksalsschläge. Doch in dieser Weise treffen sie uns nur, wenn wir nicht bereit sind, sie anzunehmen und einen Schritt voranzukommen.

Es gibt in der Tat große Unterschiede, wie Menschen mit Umbruchphasen umgehen: Frauen, die ihre Wechseljahrsymptome nicht als Beschwerden empfinden; Berufstätige, die sich auf den Ruhestand freuen; Mütter, die glücklich sind, wenn die Jungen endlich ausziehen; Alte, die ihre Ruhe und Zurückgezogenheit schätzen. Aber auch Frauen, die in der Menopause körperlich und psychisch leiden; Rentner, die in Depressionen fallen, weil sie sich nutzlos vorkommen; Mütter, die sich an ihre Kinder klammern und die Trennung kaum aushalten; Alte, die sich einsam fühlen und verbittern.

Diese Phasenübergänge sind, wie alles im Leben, an sich weder gut noch schlecht, weder angenehm noch unangenehm, weder freudig noch leidvoll. So wie wir sie bewerten, so empfinden wir sie auch.

→ Vergleiche Seite 91; mehr darüber in Band IV

Die verschiedenen Phasen und Übergänge und deren besondere Herausforderungen und Chancen

Phase/Übergang	Herausforderungen
Geburt	Herausgerissenwerden aus der Geborgenheit des Mutterleibs
Kindheit	Entfaltung des Ego; Grenzen ausloten, Autorität und Freiheit erfahren
Pubertät	Erwachen der Sexualität, Konfrontation mit dem anderen Geschlecht; Auflehnung gegen Autorität und anerzogene Werte
Erwachsenenalter	Liebesbeziehungen mit Verletzungen, Machtkämpfen, Verlassen und Verlassenwerden; Familie, Kinder; zwischenmenschliche Beziehungen am Arbeitsplatz, Leistungsdruck
Midlife-Crisis/ Wechseljahre	Lange Übergangsphase vom blühenden Erwachsenen zum alternden Menschen, erste körperliche Einschränkungen/Probleme; Veränderungen in Familie (Auszug der Kinder) und Beruf (Ende des Karriereaufstiegs)
Ruhestand	Schritt vom aktiven Berufstätigen zum Rentner; finanzielle Einbußen; nicht mehr gebraucht werden, Leere
Alter	Krankheit, Gebrechen, Einsamkeit, kontinuierliche Verminderung der eigenen Möglichkeiten; Verlust der Unabhängigkeit (Alters- oder Pflegeheim)
Tod	Loslassen, aufgeben, Ungewissheit über das Jenseits; Reue, Wehmut über Nichtgelebtes und Unerledigtes

In der untenstehenden Tabelle sind jeweils nur einige der wichtigsten Merkmale erwähnt; zudem sind die Übergänge natürlich fließend und individuell. Gewisse Herausforderungen und Chancen können sich auch über mehrere Lebensphasen hinwegziehen.

Chancen/Entwicklungsmöglichkeiten
Innere Entwicklung/Lebensschule beginnt
Eigenständige Persönlichkeit entwickeln
Loslösen aus bestehenden Normen und Prägungen, Entwickeln von mehr Individualität, eigene Position und Rolle finden
Lernen, den eigenen Raum abzugrenzen gegenüber Familie und Beruf; Ego zurückstellen, mehr Selbstlosigkeit entwickeln (besonders innerhalb der Familie mit Kindern)
Standortbestimmung und Besinnung auf andere Werte, Rückblick auf die gemachten Erfahrungen; Umdenken vom äußeren zum inneren Leben; zielstrebigeres Verfolgen des eigenen Weges
Erfahrung der Muße und Genügsamkeit; neue Wege der Erfüllung finden
Große Lektion in Urvertrauen und Gleichmut; sich mehr und mehr abwenden vom äußeren Leben und vertiefen in das innere; Vorbereitung auf den Tod
Urvertrauen, Zuversicht auf das nächste Leben; Frieden

Nicht an biologische Faktoren geknüpfte Lebenskrisen

Auf die physiologisch bedingten Übergänge können wir uns – wenn wir uns darum bemühen – gezielt vorbereiten, denn sie sind absehbar. Alle anderen Krisen treffen uns hingegen unvermittelt und stellen deshalb eine Herausforderung dar. Dazu gehören im Wesentlichen: ernste Krankheiten, auch eines Angehörigen, der Tod eines nahestehenden Menschen, ein beruflicher Niedergang oder Arbeitslosigkeit, erhebliche finanzielle Schwierigkeiten, die Trennung/Scheidung der Partnerbeziehung und weitere individuell als schwer empfundene Ereignisse.

→ Krise: siehe Glossar Seite 213

Verstehen wir den Begriff Krise nicht nur negativ, sondern einfach als *Wendepunkt*, dann gehört auch Beglückendes dazu, wie eine beträchtliche Erbschaft oder ein hoher Lottogewinn, das Eingehen einer Partnerbeziehung oder Ehe, die Geburt des ersten Kindes, ein angestrebter oder unverhoffter Karrieresprung.

All diese Wendezeiten, die freudigen und die leidvollen, stellen, von einer höheren Warte aus betrachtet, nichts weiter dar als intensive Lektionen oder Prüfungen in unserer Lebensschule. Es ist wichtig, diese Umbrüche nicht als leidvollen, unerwünschten Schicksalsschlag, sondern als Chance zu betrachten. Was für jeden Augenblick unseres Lebens gilt, trifft auf solche Abschnitte nämlich ganz besonders zu, und wir sollten sie ausschließlich als eine geschenkte Möglichkeit sehen, in der inneren Entwicklung einen Schritt voranzukommen. Je größer die Herausforderung, desto größer ist auch der Fortschritt, den wir erlangen können. Deshalb sollten wir uns dem neuen Abenteuer mit freudiger Erwartung und Zuversicht zuwenden. Denken wir dabei auch immer an das schöne Wort aus dem Koran, das so viel Hoffnung schenkt: „Gott fordert von niemandem mehr, als er zu tragen vermag."

→ Koran Sure 2,286

Dabei gilt es, wachsam zu sein für das, was uns in diesen Zeiten von außen zufällt, ebenso wie für das, was in uns drinnen geschieht. Wir fragen uns stets: „Warum komme ich in diese Situation? Was will sie mir sagen? Was kann, soll ich daraus lernen? Wie muss ich mit den Emotionen meines Ego umgehen, um mich innerlich weiterzuentwickeln?" Diese Fragen lassen sich nicht allgemeingültig beantworten, denn für jeden Menschen ergeben sich aufgrund seiner bisherigen Erfahrungen und Erkenntnisse andere Bedeutungen. Dennoch sind übergeordnete Betrachtungen dazu möglich, von denen ich einige in der Tabelle auf der folgenden Doppelseite exemplarisch und stichwortartig aufliste.

Umbruch/Krise	Herausforderungen/zu lernende Lektionen	Erforderliche/geprüfte Eigenschaften
Eigene schwere Erkrankung	Wovon will die Krankheit mich abhalten oder wohin will sie mich führen? Welche Wende in meinem Leben fordert und fördert sie?	Urvertrauen, Gleichmut, Geduld, Mut, Kraft, Fähigkeit loszulassen
Schwere Erkrankung eines Angehörigen	Inwieweit muss ich selbst zurückstecken und wann muss ich für mich selbst schauen? Was verrät mir die Erkrankung in Bezug auf unsere Beziehung? Sollte ich meine Beziehung zum Kranken neu überdenken?	Hingabe, Geduld, Urvertrauen, Kraft, selbstlose Liebe und zugleich Selbstliebe
Tod eines nahestehenden Menschen	Warum musste ich diesen Menschen verlieren? In welche Richtung soll mein künftiges Leben ohne ihn gehen?	Urvertrauen, Anhaftung loslassen, Mut
Eingehen einer Partnerbeziehung oder Ehe	Was kann ich aus der Liebesbeziehung allgemein lernen? Was muss ich aus dem Zusammensein mit diesem bestimmten Menschen lernen?	Selbstlose Liebe und zugleich Selbstliebe, Toleranz, Gleichmut, Ablegen von Eigenschaften wie Eifersucht, Machtstreben und von einigen Verhaltensmustern
Geburt des ersten Kindes	Was wollen die auf mich zukommenden Veränderungen meines Lebensstils mich lehren? Welchen eigenen unverarbeiteten Kindheitserfahrungen muss ich mich jetzt stellen?	Selbstlose Liebe, Wachsamkeit gegenüber eigenen Verhaltensmustern, Gleichmut, Urvertrauen

Situation	Fragen	Zu entwickelnde Qualitäten
Trennung/Scheidung der Partnerbeziehung	Warum muss die Trennung von diesem Menschen stattfinden? Was wollen mich die Gründe und Umstände der Trennung lehren? In welche Richtung soll mein künftiges Leben ohne meinen Partner gehen?	Selbstwertgefühl, Urvertrauen, Fähigkeit loszulassen, Ablegen von Eigenschaften wie Groll, Eifersucht, Bitternis, Verletztheit
Karrieresprung	Welche meiner Wertvorstellungen (persönliche, soziale, spirituelle) sind in meiner neuen Position gefährdet und muss ich besonders wahren? Was war, rückblickend, der Preis dieses beruflichen Aufstiegs und was sollte ich für die Zukunft daraus lernen?	Selbstwertgefühl, Urvertrauen, Gleichmut, Hören auf die Innere Stimme
Beruflicher Niedergang, Arbeitslosigkeit	Zu welcher Wende in meinem Leben will mich diese Situation führen? Welche Aufgaben außerhalb des Berufs sollte ich jetzt angehen?	Selbstwertgefühl, Urvertrauen, Demut
Große finanzielle Schwierigkeiten	Was will mich der Verzicht auf die einzelnen materiellen Dinge und Annehmlichkeiten, die ich mir nicht mehr leisten kann, lehren? Welche Werte, die ich vielleicht früher vernachlässigt habe, muss ich jetzt an die Stelle der materiellen setzen? Welche neuen Möglichkeiten eröffnen sich mir dadurch?	Urvertrauen, Selbstwertgefühl, Gleichmut, Demut, Verzicht üben
Hoher finanzieller Gewinn	Welcher Gefahren muss ich mir bewusst sein? Was erwartet das Göttliche in dieser Situation von mir, handelt es sich eher um eine Prüfung und Aufforderung, bestimmte Aufgaben zu erfüllen, oder um ein Geschenk zum Genießen?	Demut, Gleichmut, Hören auf die Innere Stimme

Der Fluss in der Wüste
Eine Sufi-Geschichte

Ein Fluss entsprang einer Quelle im Gebirge und strömte hinab ins Tal, durch Wälder und Wiesen, bis er schließlich die Wüste erreichte. Er hatte alle bisherigen Hindernisse überwunden und sich seinen Weg sogar durch harten Fels erkämpft. Doch so sehr er sich auch bemühte, die Wüste zu durchqueren, sein Wasser versickerte im Sand. Er spürte aber, dass seine Bestimmung jenseits der Wüste lag, nur wusste er nicht, wie er sein Ziel erreichen könnte.

Der Sand sagte zu ihm: „Der Wind überquert die Wüste – vertrau dich ihm an, er wird dich hinübertragen."

Der mächtige Strom, der seinen Weg bisher immer selbst gefunden hatte, war nicht angetan von der Idee, sich dem Wind zu ergeben. Und ein bisschen Angst hatte er auch, denn er konnte es sich nicht vorstellen.

Der Sand schien seine Gedanken zu erraten und erklärte ihm: „Der Wind nimmt dein Wasser auf, weht es über die Wüste und lässt es als Regen fallen, sodass es wieder zu einem Fluss werden kann."

Der Strom zögerte, er wollte sich nicht verändern und seine Eigenart nicht aufgeben.

„Du kannst in keinem Fall bleiben, was du bist", ermahnte ihn der Sand. „Du musst dich wandeln. Gibst du dich nicht dem Wind hin, stirbst du in der Wüste. Doch glaube mir: Das Wesentliche an dir wird bestehen bleiben, das, was du in Wahrheit bist."

So ließ der Fluss seinen Dunst aufsteigen, der Wind trug ihn immer höher und wehte ihn über die Wüste hinweg bis zu einem Gebirge. Dort regnete er sanft herab. Der Strom erkannte, dass er sich zwar verändert hatte, aber freudig weiterfließen konnte.

Wie sollen wir als Eltern mit unseren pubertierenden Kindern umgehen? Wie viel Nähe schenken, wie viel Distanz wahren? Wann machen lassen, wann eingreifen?

Vertrauen wir uns selbst! Wir machen dann alles richtig, wenn wir uns in jedem Augenblick so verhalten, wie wir es spüren. Diese Regel gilt generell für alle zwischenmenschlichen Beziehungen.

→ Vergleiche Kapitel 6 über die Innere Stimme

Selbst wenn wir aus dieser Spontaneität heraus einmal etwas sagen oder tun, das wir später als „falsch" erkennen, so diente es dazu, genau diese Erkenntnis zu gewinnen. Dabei dürfen wir nicht vergessen, dass es *immer* auch für alle davon betroffenen Mitmenschen das Richtige war, indem wir gewissermaßen als „Werkzeug" dienten für eine ihrer Lektionen. Wir können nämlich niemandem etwas antun, was das Göttliche nicht zulässt.

→ Vergleiche Seiten 87, 94/95, 126 und 155; siehe auch „Sinnbildlich" auf Seite 27

Darüber hinaus sollten wir die Konflikte mit den Kindern nicht allzu ernst nehmen: Wir wissen ja, dass sie größtenteils durch die pubertäre Phase bedingt sind und weniger durch unser Verhalten hervorgerufen werden. Deshalb dürfen wir den Streit und die Äußerungen der Jugendlichen nicht persönlich nehmen – sie haben nichts mit uns zu tun – und nicht in Selbstzweifel und Selbstvorwürfe fallen.

Nicht zuletzt müssen wir uns bewusst sein, dass diese Phase unserer Kinder auch für uns als Eltern einen Sinn hat: Es ist eine große Lektion in Gleichmut, Toleranz und Geduld. Und vor allem in bedingungsloser Liebe.

*   *   *

Wie können wir verhindern, das Älterwerden so zu empfinden, als würde uns Stück um Stück etwas von unserer Lebensqualität genommen?

Verbinden wir mit Lebensqualität frühere Gegebenheiten und Erlebnisse, die im Alter nicht mehr möglich sind, so empfinden wir zweifellos einen Verlust. Ich nenne hier einige Beispiele: Wegen gesundheitlicher Einschränkungen können wir keine weiten Reisen mehr unternehmen. Weil uns das große Haus mit Garten zu viel geworden ist, müssen wir in eine kleinere Wohnung umziehen. Wir haben die Fahrtüchtigkeitsprüfung nicht mehr bestanden und sind nun auf öffentliche Verkehrsmittel angewiesen. Nach und nach sterben die alten Freunde und wir werden einsamer.

Was immer es betrifft, es dürfte sich im Wesentlichen um Einschränkungen handeln, die lieb gewonnene Gewohnheiten oder die Wiederholung schöner Erlebnisse verunmöglichen. Wir bewerten die gegenwärtige Situation also im Licht der Vergangenheit – das tun wir oft, nicht nur beim Älterwerden, sondern meistens, wenn wir von Veränderungen betroffen sind.

Doch alles hat seine Zeit. Dann ist es schön und richtig und wir sollen es genießen. Danach lassen wir es los und denken nicht wehmütig daran zurück, wünschen es uns nicht wieder herbei. Wäre es für uns nämlich sinnvoll, immer wieder das Gleiche zu erleben, dann bekämen wir immer wieder das Gleiche vorgesetzt. Das Leben ist deshalb so vielseitig, bunt und in steter Veränderung, damit wir alle möglichen Erfahrungen machen und daraus lernen. In jeder Lebensphase begegnet uns das, was unserem Entwicklungsstand und der zu lernenden Lektion entspricht.

Freuen wir uns in jedem Abschnitt unseres Lebens, ja jeden Tag, auf das Neue, das er uns bringt. Vertrauen wir darauf, dass mit jeder Möglichkeit, die wegfällt, aus körperlichen oder anderen Gründen, sich eine neue eröffnet, dass jede Unzulänglichkeit eine neue Fähigkeit mit sich bringt.

Natürlich ist es menschlich, in die Zukunft zu spähen und dabei auch kommen zu sehen, was uns nicht behagt, beispielsweise altersbedingte Gebrechen, die einen Umzug in ein Pflegeheim unumgänglich machen. Wenn wir es schon nicht lassen können, das *vielleicht* eintretende Künftige gedanklich vorwegzunehmen, sollten wir uns aber gleichzeitig um Urvertrauen und Gleichmut bemühen und uns sagen: „Es wird alles so sein, wie es gut für mich ist. Das Göttliche wird mir die Kraft schenken, die künftige Situation zu meistern. Ich weiß, dass ich alles schaffen und ertragen werde. Und überhaupt... wozu sollte ich mich jetzt schon um etwas sorgen, das möglicherweise nie eintritt?"

* * *

Zwei große Probleme des Älterwerdens: Es wird immer schwieriger, die Arbeitsstelle zu wechseln oder einen neuen Partner zu finden. Wie sollen wir damit umgehen?

Wir neigen dazu, die Vergangenheit durch eine rosa gefärbte Brille anzuschauen und die gegenwärtigen Herausforderungen durch eine geschwärzte Lupe. Insbesondere erinnern wir uns gerne an all die Möglichkeiten und Chancen, die wir hatten, als wir jung, attraktiv und stark waren. Doch wie war es damals tatsächlich, als wir uns nach dem Abschluss der Ausbildung um die erste Stelle bewarben? Bekamen wir da nicht zu hören: „Wir möchten lieber jemand, der schon Berufserfahrung hat"? Und bei der Partnersuche, gab es etwa nicht eine Menge Enttäuschungen, die von unserer noch mangelhaften Lebenserfahrung herrührten?

Wie sehr verschiebt sich doch unser Blickwinkel aus der Distanz! Betrachten wir unsere Vergangenheit hingegen objektiv und nicht in einem verklärten Licht, so fällt es uns leichter, die schönen Seiten der Gegenwart zu schätzen. Wir sollten stets auf die positiven Aspekte blicken, anstatt auf diejenigen, die uns abhanden gekommen sind.

Zudem, ganz konkret auf den Wechsel des Arbeitsplatzes bezogen, dürfen wir sicher sein, dass wenn eine andere Stelle für uns besser geeignet ist (*besser* für unsere innere Entwicklung), wir zwangsläufig an sie herangeführt werden, egal wie alt oder jung wir sind.

Das Gleiche gilt für einen neuen Lebenspartner. Sind wir offen für eine neue Beziehung, so wird uns der geeignete Partner im richtigen Moment begegnen, sofern es im göttlichen Plan so vorgesehen ist. Vielleicht sollen wir jedoch eine Weile allein bleiben, weil wir zuerst noch einiges in uns selbst zu bereinigen, zu lernen haben, vielleicht ist der Richtige noch nicht bereit, vielleicht ist es göttlicher Wille, dass wir keine Liebesbeziehung mehr eingehen…

Seien wir uns bewusst, dass nicht die äußeren Gegebenheiten im Mittelpunkt unserer Aufmerksamkeit zu stehen haben. Vielmehr gilt es, auf die inneren Veränderungen und Entwicklungen, auf die gebotenen Möglichkeiten und Chancen zu achten und diese wahrzunehmen.

→ Das Thema der Liebesbeziehungen und der Trennungen behandle ich in Band III

*　*　*

Wie können wir selbst die unangenehmen körperlichen Symptome der Wechseljahre beeinflussen?
Indem wir sie annehmen, sie nicht wegwünschen, sie nicht als unangenehm und lästig empfinden. Die Symptome an sich sind weder gut noch schlecht, weder angenehm noch unangenehm. Einzig unsere Bewertung ist für unser Empfinden verantwortlich. Dies gilt generell für körperliche Einschränkungen und Wehwehchen.

→ Vergleiche Seite 91

→ „Aufgabe zur Selbstveränderung" Seite 74

Um das Ego und seine negative Betrachtungsweise auszutricksen, können wir versuchen, dem Ego die gute Seite des Symptoms anzupreisen. Beispiele: Wenn es kalt ist und wir frieren, ist eine Hitzewallung etwas überaus Angenehmes, wie kurz in die Sauna. Und auch die Schlafstörungen haben ihr Gutes: Wir können ungestört lesen oder basteln oder sonst etwas machen, wofür wir tagsüber kaum Zeit finden oder sie uns nicht nehmen.

Selbstverständlich muss jede Frau für sich selbst die jeweils guten Seiten der Symptome formulieren, so wie sie auf sie zutreffen; die vorangehenden Aussagen sind lediglich als allgemeine Beispiele gedacht.

*   *   *

Worin besteht die tiefere Bedeutung der weiblichen Wechseljahre?
Diese Frage lässt sich am besten beantworten, wenn wir die Symbolik der körperlichen Veränderungen anschauen. Nachfolgend gebe ich nur eine spirituelle Deutung; zu physiologischen und psychologischen Betrachtungsweisen gibt es genügend Bücher.

Hitzewallungen. Sie sind ein Symbol des inneren Feuers. Es verbrennt das Alte, Verbrauchte, nunmehr Unnütze, und es lodert auf als spirituelles Feuer, damit wir uns vom Weltlichen abwenden und dem Göttlichen zuwenden.

Schlafstörungen. Anstatt uns im Bett zu wälzen und aufzuregen, weil wir nicht schlafen können, nutzen wir die Zeit, um uns zu verinnerlichen, zum Beten und Meditieren. Und wir werden, vielleicht erstaunt, feststellen, dass uns der versäumte Schlaf überhaupt nicht fehlt und wir am nächsten Tag völlig ausgeruht und frisch sind.

Austrocknen der Scheidenschleimhaut. Die Sexualität ist nach Aussagen vieler spiritueller Meister ein großes Hindernis auf dem spirituellen Weg. Dass der Geschlechtsverkehr nun erschwert ist, stellt für die Frau einen Grund dar, damit aufzuhören.

Ende der Fruchtbarkeit. Vielleicht das aussagekräftigste Symbol für das Ende der Lebensphase, in der Partner und Kinder das Wichtigste waren und der Frau oft kaum Zeit ließen, sich mit sich selbst zu beschäftigen und um sich zu kümmern. Jetzt ist der Moment gekommen, die eigenen Bedürfnisse in den Vordergrund zu stellen und den eigenen (spirituellen) Weg kompromisslos zu beschreiten.

Herzrhythmusstörungen. Das Herz wird meistens als Symbol der Liebe verstanden, aber es steht auch für das pulsierende Leben. In den Wechseljahren gerät es manchmal ins Stocken, stolpert – ein Hinweis, dass wir unseren Lebensrhythmus überdenken sollten.

Wir geraten dann in eine Krise, wenn das Leben, das sich im Fluss befindet, an diesem Fließen gehindert wird.
D.T. Suzuki

Wachstum aber bedeutet nicht nur dauernde Veränderung und Verwandlung, sondern ebenso Kontinuität; und diese Kontinuität ist es, die der Bewegung und Verwandlung Ziel und Sinn gibt. Diese Kontinuität kann nicht durch ein Festhalten an Vergangenem oder Vergänglichem hergestellt werden, sondern durch die bewusste Richtung unseres Fortschreitens, in der, aus dem organischen Zusammenhang mit Vergangenem, ein Verständnis des Gegenwärtigen und eine sinnvolle Gestaltung des Zukünftigen erwächst.
Anagarika Gowinda

Das bloße Verlangen nach der Wiederholung des Vergnügens ruft Schmerz hervor, denn es ist nicht mehr das gleiche wie gestern.
Krishnamurti

[Man spricht] von einer Sehnsucht, einer Ungenügsamkeit am Besitzbaren, einer Suche nach dem Sinn des Lebens, die ich jetzt den „Gotteshunger" nennen will. Ein Hunger, der sich leicht vergessen lässt, wenn wir uns den Bauch mit anderen Dingen vollschlagen, der aber wiederkommt, sogar wenn wir ihn so sehr verdrängen [...] Die Erfüllung, die wir erfahren in Beruf, Karriere, Beziehungen, Familie, können diesen Hunger nicht stillen; er bricht immer wieder auf, oft an ganz unvermuteten Stellen, etwa in den zunehmend normal werdenden Ehekrisen, die auftauchen, wenn ein Lebensabschnitt mit Ausbildung, Heirat, Kindern, Hausbau beendet ist.
Dorothee Sölle

Man nennt Kontinuität das, was die Dinge aus ihrer Starrheit befreit und sie in Bewegung setzt. Man nennt Wandlung das, was eine andere Form verleiht, indem es die einen den anderen anpasst. Was sie aber vervollkommnet und sie jedem Menschen auf Erden zugänglich macht, das ist das Reich des Handelns.
I Ging, Großer Kommentar

NUR MUT!

Alles ist im Fluss, einen Stillstand
darf es nicht geben. Stehendes Wasser fault, und mit der Zeit versickert
es oder verdunstet…

Aber sieh doch, wie gewaltig hingegen die Kraft des Fließens ist! Nicht
einmal Felsen widerstehen ihr. Der
Fluss des Lebens bahnt sich immer
seinen Weg, bahnt ihn dir. Folge ihm
und versuche nicht, gegen den
Strom zu schwimmen, es wird dir
nicht gelingen.

Du kannst dich dem Fließen nicht
entziehen, du kannst niemals bleiben, was du bist, keinen Augenblick
lang, mit jedem Atemzug veränderst
du dich. Nimm dem Wandel neugierig und erwartungsvoll an, folge
deinem Lebensstrom, wo er dich auch hinführt – zuerst junger, wilder
Bergbach, dann mächtiger Wasserweg, schließlich gemächlicher Fluss,
am Ende Vereinigung mit dem unendlichen Ozean.

Du darfst jeden Abschnitt genießen, jeder bietet dir seine Fülle, seine
Freuden und seine Herausforderungen an. Trauere nicht dem nach,
was hinter dir liegt, es ist nicht mehr!
Blicke nicht sorgenvoll voraus, fürchte nicht Wasserfälle und Strom-
schnellen – wer weiß, ob sie je kommen…

Sieh einzig das Schöne in deiner Gegenwart: das Fließen, der stete
Wandel im Ewigruhenden, Unwandelbaren.

✧ Das menschliche Leben verläuft in Phasen mit teilweise herausfordernden Übergängen, sowohl auf der körperlichen als auch auf der inneren Ebene. Äußere Einflüsse verursachen ebenfalls Umbruchzeiten.

✧ Wie alles, was mir im Leben zufällt, sollte ich auch diese verschiedenen Lebens- und Umbruchphasen als Chancen betrachten, sie annehmen, daraus lernen und mich nicht gegen die Veränderungen auflehnen.

✧ Jede Lebensphase hat ihren Sinn und ich muss sie in der Gegenwart leben, ohne wehmütig an der Vergangenheit zu hängen oder auf eine bessere Zukunft zu warten.

✧ Veränderung ist unerlässlich für meine innere Entwicklung und ich kann den Erfahrungen und Herausforderungen, die mir bestimmt sind, nicht entkommen.

✧ Urvertrauen und Gleichmut sind meine wertvollsten Stützen während schwieriger Lebens- und Umbruchphasen. In jeder Situation sollte ich daran arbeiten.

✧ Akzeptiere ich die Eigenheiten meiner gegenwärtigen Lebensphase oder bewerte ich sie als unerwünscht?

✧ Kann ich in einer schwierigen Phase, während ich noch darin stecke, jeweils etwas Positives erkennen?

✧ Zweifle ich daran, dass Veränderung unerlässlich ist?

✧ Verweigere ich mich dem Fluss des Lebens?

✧ Vergesse ich jeweils, mich zu fragen, was die herausfordernde Situation mich lehren will?

✧ Genieße ich das Mitgefühl meiner Mitmenschen, wenn es mir nicht gut geht, und will deshalb gar nichts an meiner Lage ändern?

✧ Unternehme ich aktiv zu wenig, um schwere Phasen zu überwinden?

Entwicklungsziel

Ich lerne, Umbruch- und Krisenzeiten als Chancen zu betrachten, und höre auf, Energie in die als negativ bewerteten Aspekte der Krise zu verschwenden, anstatt sie in die Wandlung zu investieren. Dabei lege ich die Opferrolle ab und verzichte auf die Anteilnahme, das Mitleid und die mir wegen meiner schweren Situation entgegengebrachte Zuwendung.

→ Bitte beachte „Tipps zum Umgang mit der Sonnwandeln-Reihe" auf Seite 17

Die Aufgaben dieses Kapitels sind nur für dich bestimmt, wenn du gegenwärtig in einer Umbruch- oder Krisenphase steckst; du kannst dann beide Aufgaben in Angriff nehmen, sie ergänzen einander.

Falls das auf dich nicht zutrifft, gönne dir eine Weile Ruhe oder arbeite mit der Aufgabe des vorangehenden Kapitels weiter. Behalte die nachfolgenden beiden Aufgaben dann jedoch im Hinterkopf und widme dich ihnen, sobald du eine Phase des Umbruchs auf dich zukommen siehst – was unweigerlich irgendwann der Fall sein wird.

Aufgabe A: Den Blick auf das Positive richten

• In welcher Situation ich mich auch befinde: Ich bemühe mich, darin zumindest einen positiven Aspekt zu sehen – in der Tat gibt es keine Lage, die nicht auch etwas Gutes enthält (siehe dazu auch die Tabellen auf den Seiten 58/59 und 62/63). Falls ich mehrere positive Seiten entdecke, umso besser.

• Dann konzentriere ich mich nur noch auf diese(n) positive(n) Aspekt(e). Jedes Mal, wenn ich mich schlecht, unglücklich, unzufrieden fühle, weise ich diese Empfindungen kategorisch von mir. Gleichzeitig wende ich mich dem positiven Aspekt zu, ich überzeuge mein Ego (denn nur es richtet den Blick auf das Negative!) davon, dass dies das Einzige ist, was zählt.

• Je nach Situation und Möglichkeit wende ich mich ganz konkret diesem positiven Aspekt zu und handle entsprechend. Beispiele:

– Ich habe meine Stelle verloren. Ich widme mich den Kindern oder dem Garten oder einer gemeinnützigen Tätigkeit und bin glücklich, dass mir diese freie Zeit momentan geschenkt wird. Gleichzeitig nähre ich das Vertrauen, dass ich wieder einen Job finden werde, sobald der richtige Moment für mich gekommen ist. Die möglicherweise damit einhergehenden finanziellen Schwierigkeiten trage ich mit Gleichmut und Urvertrauen.

– Wegen körperlicher Einschränkungen bin ich nicht mehr in der Lage, lange Wanderungen zu unternehmen. Ich fahre an einen schönen Ort, nehme ein Buch mit, setzte mich auf eine Bank und genieße die Muße.

Aufgabe B: Mitleid und Anteilnahme nicht länger fordern und fördern

• Ich höre auf, mit anderen Menschen über meine schwierige Situation zu sprechen, ich klammere dieses Thema einfach aus. In erster Linie dadurch, dass ich das Thema von mir aus nicht aufgreife. Werde ich jedoch gefragt, wie es mir gehe, wie ich mit der Situation zurechtkomme, sage ich nicht: „Ich will nicht darüber reden", denn das würde im Gegenüber nur noch mehr Mitgefühl hervorrufen, sondern erkläre *mit überzeugend zufriedener Haltung* den positiven Aspekt, den ich darin sehe.

• Spricht mir jemand (mit Worten oder Taten) wegen meiner Situation sein Mitgefühl aus, bedanke ich mich zwar dafür, gebe aber deutlich zu verstehen, dass kein Grund dazu besteht.

AFFIRMATIONEN

→ Bitte beachte die detaillierte Anleitung auf Seite 202

JETZT ENTSCHEIDE ICH MICH FÜR EIN NEUES LEBEN.

ALLE TÜREN ÖFFNEN SICH VOR MIR, ICH HABE ALLE MÖGLICHKEITEN.

ICH SCHREITE MUTIG VORAN AUF MEINEM WEG.

ICH GEHE MEINEN WEG MIT MUT, KRAFT UND VERTRAUEN.

MEINE ZUKUNFT IST VOLLER LICHT UND FREUDE.

ICH HALTE DURCH, ICH BIN SICHER, ICH WERDE ES SCHAFFEN.

ICH NEHME DIE HERAUSFORDERUNGEN DER JETZIGEN SITUATION AN.

ICH ÄNDERE MEIN LEBEN UND FÜHLE MICH GEFÜHRT UND GETRAGEN.

ICH ÖFFNE MEIN HERZ DER GEDULD UND WARTE DIE VERÄNDERUNG AB.

ICH HABE DEN MUT, JEDE SITUATION ANZUGEHEN.

DER GÖTTLICHE PLAN FÜR MICH ERFÜLLT SICH SCHRITT UM SCHRITT.

ICH ALLEIN BIN FÜR MEIN LEBEN VERANTWORTLICH.

ICH LASSE MEINE VERGANGENHEIT VOLLSTÄNDIG LOS.

Diese Imagination kannst du in jeder beliebigen Lebensphase oder -situation machen, nicht nur in Umbruch- und Krisenzeiten.

→ Bitte beachte die detaillierte Anleitung auf Seite 203

• Ich sitze am Ufer eines Flusses und schaue zu, wie das Wasser langsam und ruhig fließt. Ich fühle mich sicher und geborgen, spüre die Ruhe um mich und in mir.

• In der Wasserspiegelung sehe ich die letzte Umbruchphase meines Lebens, unabhängig davon, wie lange sie schon zurückliegt; es kann eine natürliche sein, wie die Wechseljahre, oder eine durch äußere Umstände hervorgerufene, wie der Verlust des Arbeitsplatzes. Auch wenn ich mich derzeit in einer Umbruchphase befinde, beachte ich die gegenwärtige vorerst nicht und schaue auf die *vorangehende* zurück.

• Langsam fließt sie mit dem Wasser fort und in der Spiegelung vor mir sehe ich die Zeit bis zum heutigen Tag gemächlich an mir vorbeiziehen: Ich erkenne, wie sich mein Leben von selbst entfaltet hat, ohne dass ich es planen oder dafür kämpfen musste.

• Wenn ich beim heutigen Tag angelangt bin und der Fluss die Vergangenheit mit sich weggetragen hat, sehe ich im Wasser mein jetziges Spiegelbild. Ich schaue mich an: Wer bin ich heute?

• Langsam fließt auch mein Spiegelbild weiter und es folgen Bilder/Situationen/Phasen meiner Zukunft. Ich denke nicht, sondern schaue nur zu, auf die Bilder, die an mir vorbeifließen, nehme sie einfach wahr und nehme sie an, emotionslos, ohne zu werten. Ich spüre nur tiefes Urvertrauen, dass meine Zukunft in der Hand des Göttlichen liegt und ich in jedem Augenblick geführt und getragen werde.

• Beginnt die Erfahrung zu verblassen, so fühle ich mich wohl und geborgen, genieße den Frieden und die Ruhe in mir. Dann atme ich tief in den Bauch, öffne die Augen, verharre noch eine Weile regungslos, schaue um mich, spüre meinen Körper und bewege mich langsam.

→ Bitte beachte
die detaillierte
Anleitung
auf Seite 206

Haupt-Blüten

Seelenzustand	Nr.
Ich sehne mich nach der Vergangenheit, akzeptiere die Veränderung nicht.	16
Ich bin in Panik wegen einer bevorstehenden Umbruchphase oder Krise.	26
Ich bin zu hart zu mir selbst, weil ich nicht akzeptiere, dass nicht mehr alles so geht wie früher.	27
In der gegenwärtigen Wandlungsphase fühle ich mich verunsichert und bin beeinflussbar.	33

Gewählte Blüten:

☐ ☐ ☐ ☐

Zusatz-Blüten

Seelenzustand	Nr.
Ich verschließe meine Augen vor der Krise und verstecke mich hinter einer Fassade von Sorglosigkeit.	1
Ich mache immer wieder die gleichen Fehler, ich lerne nicht aus Krisen.	7
In der gegenwärtigen Zeit der Wandlung fühle ich mich erschöpft und ausgelaugt.	23
Ich sehe keine Ziele mehr, meine gegenwärtige Situation (beruflich oder privat) ist für mich unbefriedigend.	36

Gewählte Blüten:

☐ ☐ ☐ ☐

→ Bitte beachte die detaillierte Anleitung auf Seite 209

Wirkung

Der Sugilith ist ein Stein des Neuanfangs in Phasen der Wandlung und auch nach Schicksalsschlägen. Er verhilft zu besserer Orientierung und bei der Sinnsuche, indem er den Blick auf die Tiefe und Bedeutung des Lebens richtet. Zudem schenkt er in diesen Phasen Durchsetzungswillen und Eigenständigkeit und lindert Sorgen und Schwierigkeiten.

Anwendung

Auf sich tragen, am besten mit Hautkontakt.

Reinigen und Aufladen

Einmal monatlich (einmal wöchentlich, wenn auf der Haut getragen) über Nacht in einer Schale mit Hämatit-Trommelsteinen entladen. Der Sugilith ist so kraftvoll, dass er nicht aufgeladen werden muss; man kann ihn jedoch von Zeit zu Zeit auf eine Bergkristallgruppe legen.

Rückschau und Vorschau

Nachdem du eine Weile – in der Regel mehrere Wochen – in deinem All-
tag zum Thema dieses Kapitels an dir gearbeitet hast, blickst du kurz
zurück und schaust, wo du stehst. Kreuze bei den untenstehenden Aus-
sagen an, was auf dich zutrifft. Sei ehrlich zu dir selbst, ohne falsche
Bescheidenheit und ohne Selbstvorwürfe oder Entmutigung – es ist nur
eine Bestandesaufnahme, ohne Wertung, um zu erkennen, in welchem
Bereich du dich noch bemühen kannst... damit du wirst, was du bereits
bist.

Lernziele dieses Kapitels Erreicht:	Ja	Nein
Ich habe aufgehört, mit Wehmut an vergangene gute Zeiten zu denken und an ihnen zu hängen.	☐	☐
Ich erkenne klarer, dass alles, was mir geschieht, den Sinn hat, mich etwas zu lehren. Oder: Ich versuche, aus den Krisen zu lernen, indem ich mich stets frage, was die Ereignisse für mich bedeuten, was sie mich lehren wollen.	☐	☐
Es gelingt mir, herausfordernde Situationen als Chancen zu betrachten.	☐	☐
Ich habe erkannt, dass das Leben ununterbrochen im Fluss ist, und wehre mich nicht länger gegen Veränderungen.	☐	☐
Mir ist bewusst, dass ich in schwierigen Situationen nicht die Opferrolle einnehmen darf.	☐	☐
Ich vertraue darauf, dass ich mit jeder Veränderung umgehen kann.	☐	☐
Anstehenden Umbrüchen sehe ich nicht mehr ängstlich und/oder besorgt entgegen.	☐	☐

Mein weiterer Entwicklungsschritt

Notiere jetzt eine Einsicht/Herausforderung/Aufgabe, an der du arbeiten willst – aber nur eine!
Dann prägst du sie dir gut ein, bittest das Göttliche, dich dabei zu führen und dein Bemühen zu fördern, und lässt sie los. Du kannst jetzt mit dem nächsten Kapitel und dessen Aufgaben weiterfahren.

Den Entwicklungsschritt, den du hier aufgeschrieben hast, darfst du von Zeit zu Zeit nachlesen, gewissermaßen zur Erinnerung, aber beschäftige dich gedanklich nicht mehr damit. Den Impuls hast du nämlich gesetzt – überlass es dem Göttlichen, ihn so umzusetzen, wie es für dich gut ist.

....

....

....

....

....

....

....

....

....

....

....

....

....

....

....

....

*Der „Schmetterlingseffekt" besagt, dass der Flügelschlag eines Schmet-
terlings weit entfernt einen Orkan auslösen kann. In komplexen Systemen wie dem Leben hat jedes kleinste Ereignis eine Wirkung auf das
ganze System – alles hängt mit allem zusammen. Doch der Sinn des
Geschehens ist für uns nicht immer erkennbar und wir neigen dazu,
manches einfach als Zufall zu betrachten.*

3. Zufall und Schicksal

Themen dieses Kapitels
• Zufall ist, was uns zufällt • Die
Frage nach dem Warum • Wie
man einzelne Ereignisse deutet •
Alles hat einen Sinn • Wachsam
sein für den Wink des Schicksals
• Gerechtes oder ungerechtes
Schicksal • Wiederkehrende
Ereignisse und Schicksalsschläge
• Die Häufung von Schicksals-
schlägen • Schicksal als Folge
des Karma-Gesetzes?

Entwicklungsziel
Ich erkenne, dass alle Ereignisse
und Erfahrungen den Sinn
haben, mich zu lehren und auf
meinem spirituellen Weg weiterzubringen.
Ich bin wachsam für die Zeichen
und ihre Bedeutung und akzeptiere, was auch immer mir
zufällt.

Alles Chaos, Zufall und launisches Schicksal?

Als Zufall werden unverhoffte, unbeabsichtigte, unvorhersehbare Ereignisse bezeichnet, die also nicht als Folge bestimmter Ursachen erkennbar sind und keine rationale Erklärung bieten. *Zufall* ist das, was uns *zufällt*, ohne dass wir danach suchen oder es anstreben.

Es stellt sich die Frage, ob das Zugefallene einer chaotischen Welt entspringt, in der in jedem Augenblick alles ohne Sinn und Zweck geschehen kann, wie es die Allegorie der Glücksgöttin Fortuna suggeriert, die mit verbundenen Augen das Glück wahllos streut. Oder ob es nach Gesetzmäßigkeiten geschieht und ein Ziel verfolgt, die uns jedoch unbekannt sind.

Analoges besagt das Wort *Schicksal*, das in einer ähnlichen Bedeutung benutzt wird wie Zufall. Es impliziert aber eher eine gewisse Vorbestimmung oder die Einwirkung von Mächten, denen wir ausgeliefert sind, und weist oft einen negativen Beigeschmack auf. Bei einer positiven Wendung sprechen wir eher von Fügung. Das Wort Schicksal geht auf *schicken* zurück im Sinn von *sich schicken* (= sich fügen).

Warum gibt es Menschen, die ein schweres Schicksal erleiden, immer und immer wieder von sogenannten Schicksalsschlägen getroffen werden, und andere, deren Leben glatt und unproblematisch verläuft und denen der Zufall stets zu Hilfe kommt?

Gibt es eine Erklärung für die Leiden all derer, die scheinbar nichts dafür können – hungernde Kinder, Tote bei Naturkatastrophen, unschuldige Opfer bei Unfällen? Und für die vermeintlichen Glückspilze?

„Warum?" Diese Frage stellen sich die Menschen immer wieder. Und wenn es uns selbst trifft, eine Krankheit, der Tod eines geliebten Menschen, der Verlust des Arbeitsplatzes, fragen wir: „Warum ausgerechnet ich?" Bezeichnenderweise interessiert uns das meistens nicht, wenn das Glück uns hold ist, wenn Angenehmes uns zufällt.

Vielleicht ist die Frage nur falsch gestellt. Sie müsste nicht „Warum?" lauten, sondern „Was hat es für mich zu bedeuten?". Wenn der Sinn des Lebens die persönliche Entwicklung ist und unser Dasein die Schule, dann zeigt uns jedes einzelne Ereignis, was wir noch lernen müssen, oder bestätigt uns, dass wir uns auf dem richtigen Weg befinden. Die Schwierigkeit liegt indes darin zu erkennen, *was* uns ein Zufall, ein Schicksalsschlag oder eine glückliche Fügung sagen will, *was* wir lernen sollen.

Zeichen und Wegweiser für unser Leben

Für die Deutung gibt es keine allgemeingültigen Regeln. Bei Krankheiten scheint es vergleichsweise einfach, eine Antwort zu finden, wenn wir den befallenen Körperteil und seine Funktion betrachten. So ist beispielsweise die Haut unsere „Kontaktstelle zur Außenwelt": Dermatologische Probleme lassen oft auf eine gestörte Beziehung zu unserem Umfeld und den Mitmenschen schließen. Füße und Beine symbolisieren einerseits Standhaftigkeit, andrerseits Voranschreiten, das Herz steht für die Liebe, der Schoß für die Geborgenheit. Oft führen uns auch Redensarten auf die richtige Spur: etwas liegt mir auf dem Magen; meine Kehle ist wie zugeschnürt; die Angst sitzt mir im Nacken; er hat mir das Herz gebrochen.

Nicht immer ist die Auslegung allerdings so klar. Bei Heiserkeit beispielsweise, also dem Verlust der Stimme, fragen wir uns: „Was darf ich nicht sagen?" Oder: „Was habe ich gesagt und hätte es besser unterlassen?" Aber ebenso: „Was hätte ich zu sagen gehabt, jedoch geschwiegen?" Es zeigt sich, dass verschiedene, zum Teil entgegengesetzte Erklärungen zutreffen könnten.

Bei anderen Ereignissen als Krankheiten ist die Deutung noch schwieriger. Wie gehe ich damit um, wenn bei einem Vorhaben immer wieder Hindernisse auftreten? Vielleicht ist mein Projekt nicht gut für mich und ich sollte es nicht weiterverfolgen – oder lernen, für eine Sache zu kämpfen und nicht klein beizugeben?

Was will das Schicksal mich lehren, wenn der geliebte Partner mich verlässt: loszulassen, mein Ego zu überwinden und ihm von Herzen alles Glück der Welt zu wünschen? Oder findet diese Trennung statt, weil für mich ein anderer Weg bereitsteht, der mir wichtige Erfahrungen und schließlich mehr Erfüllung schenken wird?

Warum verliere ich meinen Job? Ist es etwa ein fälliger Schritt, dem ich mich bisher verweigert habe, obwohl die Situation am Arbeitsplatz nicht mehr zufriedenstellend ist? Oder muss ich lernen kürzerzutreten, mich mehr der Familie oder der Gesundheit zu widmen? Wartet vielleicht eine besser geeignete Aufgabe auf mich? Oder heißt es einfach lernen, eine solche Situation ohne Angst und Selbstzweifel zu überstehen?

Die richtige Deutung ist oft diejenige, die uns – unserem Ego – unangenehm ist, etwas von uns fordert: beispielsweise über unseren Schatten springen, eine alte Gewohnheit oder ein überholtes Denk-/Verhaltensmuster ablegen und mehr.

Eine Garantie, dass wir eine Begebenheit korrekt deuten, haben wir nicht – doch je ehrlicher wir zu uns selbst sind, desto größer ist die Chance, dass wir aus dem Zufall und dem Schicksal lernen.

Finden wir eine befriedigende Interpretation für herausfordernde Zufälle oder ein schmerzliches Schicksal, so fällt es uns leichter, sie zu akzeptieren, und wir erkennen eher, wie wir uns zu verhalten haben.

Die Frage nach der Bedeutung stellt sich ebenfalls bei angenehmen Zufällen und glücklichen Fügungen, denn *alles*, was uns zufällt, hat einen Sinn. Die Ereignisse sind sozusagen Wegweiser, „geheime" Zeichen, die es zu entschlüsseln gilt und die uns dann die Richtung weisen.

Manchmal verstehen wir die Botschaft eines Geschehens hingegen nicht unmittelbar. Möglicherweise wird uns die Einsicht zu einem späteren Zeitpunkt geschenkt, vielleicht jedoch nie. In diesem Fall sollten wir uns nicht den Kopf darüber zerbrechen oder uns quälen, sondern es einfach akzeptieren, im Vertrauen, dass es gut ist, wie es ist.

Lernen aus einem Ereignis, obwohl wir es nicht deuten können

Der Verstand findet manchmal nicht heraus, was ein Ereignis uns sagen will; das bedeutet aber nicht, dass wir keine Lehren daraus ziehen.

Wir bestehen ja aus verschiedenen Elementen, außer der Seele: aus einem mentalen, einem emotionalen und einem körperlichen Ich, die alle miteinander verwoben sind, aber durchaus auch eigenständig agieren und Erfahrungen sammeln.

→ Die Thematik der verschiedenen Elemente behandle ich in Band IV

Kleine Kinder, die rationalen Argumenten noch nicht zugänglich sind, lernen über die Körpererfahrung: beispielsweise vor dem heißen Bügeleisen zurückzuschrecken, nachdem sie sich einmal verbrannt haben, oder saure Beeren nach dem ersten Kosten zu meiden. Eine Information kann also nicht nur über den Verstand, sondern auch direkt über den Körper oder die Emotionen eingehen, in uns etwas bewegen und eine Veränderung herbeiführen, die uns allerdings mental nicht bewusst ist.

Dieser Sachverhalt ist bekannt bei traumatischen Erlebnissen, doch es geschieht auch unzählige Male, von uns unbemerkt, mit positiver Wirkung.

Ein weiterer Aspekt ist in Betracht zu ziehen, wenn der Sinn eines Ereignisses uns verborgen bleibt. Es kommt nämlich vor, dass etwas nicht für uns selbst bestimmt ist; vielmehr dienen wir als Werkzeug für die Erfahrung eines anderen Menschen. In diesem Fall besteht für uns selbst die Lektion lediglich darin, gleichmütig zu bleiben und unser Urvertrauen zu stärken.

→ Vergleiche Seite 126

Wir können davon ausgehen, dass *alles* eine Bedeutung hat und alles, was auf der Welt geschieht, miteinander verwoben ist, also auch ein vermeintlich belangloses Detail, beispielsweise dass wir den Zug verpassen oder bei einem Wettbewerb einen kleinen Preis gewinnen. Ob wir diesen Sinn in jedem noch so nebensächlichen Ereignis suchen sollen, ist eine andere Frage. Ständig darüber nachdenken, was dieses und jenes zu bedeuten hat, hindert uns am Erleben. Vielmehr dürfen wir einfach staunen, wenn kleine Ereignisse sich zu etwas Tiefgreifendem zusammenfügen, wie aus anscheinend belanglosen Begebenheiten entscheidende Wenden im Leben entstehen. Das Dasein ist unheimlich spannend, durchwandern wir es mit offenen Augen, und wir lernen viel beim bloßen Beobachten, Wahrnehmen und Erleben, ohne ständig alles durch den Verstand zu schleusen.

*   *   *

Warum Unschuldige leiden und sterben müssen: unschuldige Opfer eines Verkehrsunfalls, hungernde Kinder…
Es gibt dazu keine pauschale Begründung. Zumindest keine, die der menschlichen Logik gerecht würde.

→ Karma-Gesetz: siehe Glossar Seite 212

Nachvollziehbare Erklärungen bieten das Karma-Gesetz oder der Glaube an einen göttlichen Plan, worin solche Ereignisse einen Grund haben, den wir Menschen allerdings nicht kennen – und womöglich auch nicht verstünden.

→ Advaita-Vedanta: siehe Glossar Seite 211

Interessant ist ebenfalls die Theorie des Advaita-Vedanta, einer der Richtungen der altindischen Philosophie. Kurz umrissen besagt sie, dass die Welt, alles Erschaffene, nur eine Illusion sei (Sanskrit: Maya). Die einzige Wirklichkeit ist das Brahman, das allumfassende, ewige Göttliche. Wir sind keine vom Göttlichen getrennte Individuen, sind uns dessen jedoch nicht bewusst.

→ Brahman: siehe Glossar Seite 211; vergleiche auch Seite 21

Wir können es uns wie folgt vorstellen: Eine Zelle unseres Körpers, beispielsweise eine Leberzelle, ist ein eigenständiges Wesen, sie funktioniert weitgehend für sich allein; sie ist sich zwar bewusst, dass sie Teil eines größeren Ganzen ist (der Leber) und mit den anderen Leberzellen sowie weiteren Organen zusammenlebt und interagiert; das übergeordnete Wesen (den Menschen), die Einheit, von dem sie ein Teil ist, nimmt sie hingegen nicht wahr.

Der Vergleich hinkt ein wenig, denn nach dieser indischen Philosophie gibt es überhaupt nur das Eine; *a-dvaita* (Sanskrit) bedeutet nämlich *nicht zwei*. Unser Empfinden von Individualität unterliegt also der Täuschung durch Maya. Jeder von uns, jedes Wesen, jedes Tier, jede Pflanze, jeder Stein, einfach alles, ist nicht nur ein Teil des Göttlichen, sondern das Göttliche selbst. Die Aufgabe und das

Ziel unserer Existenz liegen darin, diese Täuschung zu überwinden und die Wirklichkeit zu erkennen.

Demnach wäre auch jedes individuelle Leiden, jedes menschliche Schicksal nur eine Illusion, die es zu beseitigen gilt. Selbst wenn jemand an diese Theorie glaubt, nützt es ihm in dem Moment, in dem er leidet, meistens nicht wirklich. Uns Außenstehenden bleibt dabei nichts anderes, als Mitgefühl zu bekunden, Trost zu spenden und zu helfen. Nur *Mitleid* empfinden, also *mit-leiden* im wahren Sinn des Wortes, sollten wir nicht, im Vertrauen, dass auch der Schmerz, so grausam und ungerecht er scheinen mag, den Sinn hat, die Betroffenen etwas zu lehren.

Was einem so zufällt...
Eine chinesische Tao-Geschichte

Illustration:
Jakob Erne

In einem Dorf lebte ein Bauer, der ein Pferd besaß und deshalb von den armen Leuten als überaus wohlhabend angesehen wurde.

Eines Tages lief das Pferd davon. Wegen dieses Schicksalsschlags wurde der Bauer von allen bemitleidet. Er selbst meinte nur: „Mal sehen..."

Nach einer Woche kehrte das Pferd zurück, gefolgt von einigen Wildpferden. So besaß der Bauer jetzt mehrere Tiere und die Dorfbewohner beglückwünschten ihn.

Wiederum meinte er selbst nur: „Mal sehen..."

Als sein Sohn versuchte, eines der Wildpferde zuzureiten, warf es ihn ab und er brach sich das Bein. Auch diesmal beklagten die Menschen im Dorf das böse Schicksal, doch der Bauer meinte nur: „Mal sehen..."

Am nächsten Tag kamen Offiziere in das Dorf und rekrutierten alle jungen Männer für den bevorstehenden Krieg – nur den Sohn des Bauern nicht, denn er war ja verletzt.

Abermals freuten sich die Leute für den Bauern. Und auch jetzt meinte dieser nur: „Mal sehen..."

Warum gibt es schlechte Menschen, denen im Leben alles gelingt? Sie sind reich, mächtig, gesund... Warum ist ihnen das Schicksal hold und andere, wirklich gute Menschen, müssen viel Leid erdulden?

Diese vermeintliche Widersprüchlichkeit lässt sich mithilfe des Karma-Gesetzes auflösen: Jeder Mensch hat ein angenehmes oder ein leidvolles Leben aufgrund der Taten aus früheren Existenzen. In künftigen wird er für die schlechten Taten dieses Lebens bezahlen oder die Früchte der guten Taten ernten. Dass ich selbst nicht uneingeschränkt an ein starres Karma-Gesetz glaube, wird bei der nächsten Frage deutlich.

→ Vergleiche Seiten 88 und 114/115

Glauben wir nicht daran, so können wir sagen: Wir kennen den göttlichen Plan und Willen nicht, folglich auch nicht die Bedeutung von Einzelschicksalen. Jeder Mensch hat seinen ureigenen Weg, der verschieden ist von allen anderen. Was für den einen richtig und förderlich ist, etwa Reichtum und Macht, kann für einen anderen falsch und hinderlich sein. Deshalb sollten wir uns nie an anderen messen oder uns mit ihnen vergleichen.

Zudem: Sind wir sicher, dass der Reiche, Mächtige, Gesunde zufriedener ist als der scheinbar Leidgeprüfte? Studien in den verschiedensten Ländern der Welt zeigen immer wieder, dass die subjektive Lebensqualität nicht mit dem Reichtum des Landes zusammenhängt. Die Ereignisse und Situationen sind ja an sich wertfrei, weder schlecht noch gut; erst unsere Betrachtungsweise, die individuelle Bewertung und Reaktion darauf machen sie für uns angenehm oder unangenehm, lustvoll oder schmerzhaft. So kann sich der Millionär beim Verlust von 100 Euro unglücklicher fühlen als ein Armer, der 1000 Euro verliert. Und ein schwer chronisch Kranker ist vielleicht zufriedener als jemand, der unter einem Schnupfen leidet.

→ Das Thema der Wertfreiheit behandle ich ausführlich in Band IV

Wollen wir an der Welt und am Leben nicht verzweifeln, bleibt uns wohl nichts anderes übrig, als in die Vollkommenheit des göttlichen Plans zu vertrauen, obwohl wir mit unserem begrenzten menschlichen Verstand nicht über ein geeignetes Instrument verfügen, ihn zu begreifen.

*   *   *

Gehen wir davon aus, dass alles auf der Welt nach dem
Prinzip von Ursache und Wirkung funktioniert (Karma-
Gesetz): Ist dann das, was wir Zufall nennen, nicht einfach
die Wirkung einer vorausgegangenen Tat?

Wenn wir davon ausgehen: Ja, dann ist jedes Ereignis die
Folge eines anderen Ereignisses. Wir müssen jedoch bedenken, was das übergeordnete Ziel allen Geschehens ist: unsere spirituelle Entwicklung, die Gottesverwirklichung. So
wird uns nichts einfach nur deshalb geschehen, weil wir
früher etwas getan haben, das diese Wirkung hervorruft,
sondern immer mit dem Zweck, uns zu lehren und unserer
Vervollkommnung näherzuführen. An das Prinzip „Auge
um Auge, Zahn um Zahn" glaube ich nicht. Haben wir beispielsweise jemanden bestohlen, das Unrecht daraufhin jedoch erkannt, bereut und daraus gelernt, so ist es sinnlos,
dass wir selbst einen Diebstahl erleiden müssen.

Ich bin fest davon überzeugt, dass das Göttliche flexibler
und weitsichtiger ist, als sich stur an Gesetzmäßigkeiten zu
halten. Ich erwähne in diesem Zusammenhang nur den Begriff „Gnade".

→ Gnade: siehe
Glossar Seite 212;
vergleiche auch
Seiten 117
und 119

Und vergessen wir auch nicht, dass all diese Theorien
und Dogmen, seien es nun christliche, fernöstliche oder
andere, nichts weiter sind als Erklärungs*modelle*, denn niemand kennt die absolute Wahrheit. Die Frage, die wir uns
dabei stellen müssen: Nützt es mir, daran zu glauben,
bringt es mich weiter? Wenn ja, dann ist es als „Arbeits-
hypothese" sinnvoll. Für einen anderen Menschen hingegen
mag das gleiche Modell unbrauchbar sein. Die folgende
Geschichte aus dem Liä Dsi, einem taoistischen Weisheits-
buch, veranschaulicht, dass selbst ein „falscher" Glaube
eine positive Wirkung entfalten kann.

Ein alter Bauer reiste zu Dsi Hua, weil er gehört hatte, er
sei so mächtig, dass er Tote lebendig machen könne.

Die Freunde des Dsi Hua wollten sich jedoch amüsieren
und trieben ein böses Spiel mit dem Alten. Sie führten ihn
auf eine hohe Terrasse und sagten, wer hinunterspringe,
finde hundert Goldstücke. Der Bauer stürzte sich hinab und
zum Erstaunen aller schwebte er wie ein Vogel.

Dann brachten sie ihn zum Fluss und erzählten ihm, auf
einen mächtigen Strudel deutend, darunter befänden sich

wertvolle Perlen. Wiederum glaubte ihnen der Ahnungslose, tauchte und holte tatsächlich Perlen herauf.

Jetzt meinten alle, der Bauer besitze geheime Kräfte, und baten ihn um eine Erklärung. Dieser sagte ihnen schlicht, er hätte gehört, Dsi Hua könne Tote lebendig machen. Deshalb habe er auch an den Worten der Freunde Dsi Huas nicht gezweifelt und geglaubt, das ausführen zu können, wozu sie ihn aufforderten.

Konfuzius, dem diese Geschichte zu Ohren kam, erläuterte sie wie folgt: „Ein Mensch, der Glauben hat, meistert alles, er bewegt Himmel und Erde, er rührt Geister und Götter, ja er kann die Enden der Welt durchkreuzen, ohne dass ihm etwas widersteht. Der Bauer glaubte zwar Lügnern, aber sein Glaube hatte Macht über die Dinge."

Die so beliebten Diskussionen über Glaubensfragen sind also müßig. Richtig ist, den Prinzipien und Modellen zu folgen, die in uns eine Resonanz finden – es klingt in uns jeweils die Wahrheit an, die uns in einer bestimmten Phase unseres Lernprozesses verständlich ist und nützt. Ein kleines Kind hat vom Tod eine andere Vorstellung als ein älteres. Es hilft ihm vielleicht der Glaube, dass die verstorbene Mutter jetzt als Stern am Himmel steht und über es wacht. Später wird es mit anderen Erklärungen besser zurechtkommen.

Halten wir uns also an diejenige Wahrheit, die in uns anklingt, unsere *eigene momentane* Wahrheit. Sie bringt uns so lange weiter, bis sie für uns nicht mehr passt. Dann dürfen wir uns von ihr abwenden und sollten nicht an ihr festhalten, nur weil wir einst daran geglaubt haben. Wir wandeln uns nämlich, und was heute richtig und wichtig für uns ist, kann morgen überholt sein: Neue Schritte erfordern neue Erkenntnisse.

In diesem Sinne sollte es uns auch nicht schwerfallen, allen Andersgläubigen mit Toleranz zu begegnen und ohne sie bekehren zu wollen. An unseren eigenen Überzeugungen brauchen wir dabei nicht zu zweifeln, wir bleiben jedoch offen für neue Einsichten.

*   *   *

Wenn das Leben eine Schule ist: Was können denn Säuglinge lernen, die kurz nach der Geburt sterben? Oder kleine Kinder, die verhungern? Welcher Sinn liegt darin?

Wer an die Wiedergeburt und das Karma-Gesetz glaubt, findet darin zumindest einmal eine Erklärung: Diese Kinder, die früh sterben, vollziehen die Wirkung einer Ursache aus einem vorangegangenen Leben.

Was die Seele eines kleinen Kindes aus dem Leiden lernt, lernen soll, können wir nicht wissen. Aber wir, die Hinterbliebenen, die das Schicksal „Tod eines geliebten Menschen" erfahren, sollten herausfinden, welchen Sinn es für *uns* hat. Im konkreten Fall: Was bedeutet es für uns als Eltern, Großeltern, Geschwister, Freunde, das Baby leiden zu sehen oder es gar zu verlieren, und wie gehen wir damit um? Welche Erkenntnisse ziehen wir daraus? Die Seele des Verstorbenen, sei es nun ein Kind oder ein Erwachsener, geht ihren eigenen Weg und es ist nicht unsere Aufgabe, uns über deren neue Erkenntnisse im Jenseits oder in einem künftigen Erdenleben Gedanken zu machen.

*   *   *

Man hört zuweilen, der Glaube an das Schicksal sei nur eine Rechtfertigung, um sich der Verantwortung zu entziehen. „Das war halt Schicksal, da konnte ich nichts dafür," sagt man leichthin. Kommt es tatsächlich vor, dass niemand verantwortlich ist?

→ Vergleiche Seite 118 In spirituellem Sinn tragen wir die Verantwortung und die Konsequenzen für *jede* unserer Taten, unabhängig davon, ob wir nach moralischen oder gesetzlichen Kriterien dafür verantwortlich sind oder nicht.

Wenn wir korrekt Auto fahren, nicht zu schnell, nicht angetrunken oder übermüdet, und trotzdem ein Kind anfahren und töten, weil es unerwartet auf die Straße läuft, so werden wir moralisch und rechtlich wohl nicht verurteilt. Auf der spirituellen Ebene hat dieses Ereignis allerdings einen Sinn für uns, sonst wäre es nicht passiert. Darin liegt unsere prioritäre Verantwortung: Wir müssen herauszufinden versuchen, was es uns sagen will und was wir daraus lernen sollen. Wir brauchen uns jedoch keine Selbstvorwürfe zu machen und nicht darüber zu grübeln, warum dieses Kind gestorben ist. Das Göttliche wollte diesen Tod offenbar und hat uns als Werkzeug eingesetzt.

→ Vergleiche Seiten 87 und 126

Selbst wenn wir absichtlich oder grobfahrlässig jemanden töten, müssen wir uns bewusst sein, dass es nicht in unserer Macht stünde, ein Leben auszulöschen, wenn das Göttliche es nicht zuließe. Aber: Haben wir uns frei für eine solche Tat entschieden, so tragen wir selbstverständlich neben der rechtlichen auch die spirituelle Verantwortung und die Konsequenzen. Sei es nun, je nach Glaube,

→ Vergleiche Seiten 27, 119 und 155

- dass nach dem Karma-Gesetz die Wirkung dieser Tat irgendwann in diesem oder einem künftigen Leben auf uns zurückkommt;
- oder in christlichem und islamischem Sinn als Strafe im Jenseits (Hölle/Fegefeuer);
- oder, und das entspricht meinem persönlichen Glauben, dass wir uns durch eine willentlich „böse" Tat von unserem Weg zum Göttlichen entfernt haben und das sogenannte Schicksal uns mit mehr oder weniger sanften Mitteln dahin zurückführen wird.

* * *

Warum passiert einem manchmal mehrmals das Gleiche? Beispiele: Das Auto wurde dreimal aufgebrochen; die Arbeitsstelle musste mehrmals wegen Mobbings gewechselt werden; man gerät immer wieder an den gleichen Typ Partner und die Beziehung geht jedes Mal in die Brüche.

Dazu fallen mir drei Erklärungsmöglichkeiten ein.

Erstens. Falls das Ereignis mit seinen direkten Konsequenzen wirklich völlig gleich ist, so liegt der Schluss nahe, dass wir etwas daraus lernen müssten, was wir bisher nicht verstanden haben. Sonst ergäbe es keinen Sinn, dass haargenau das Gleiche mehr als einmal geschieht. In diesem Fall sollten wir in uns gehen und herausfinden, welche Lektion ansteht, die zu lernen uns bisher nicht gelungen ist.

Zweitens. Meistens weisen die Ereignisse – wirken sie auf den ersten Blick auch identisch – jedoch kleinere oder größere Unterschiede auf. Diese liegen oft nicht im Ereignis selbst, sondern in den Begleiterscheinungen. Beispiele:

- Unterschiede im Verhalten: War mein Ärger über das aufgebrochene Auto wirklich genauso stark wie letztes Mal oder konnte ich es mit mehr Gleichmut ertragen?
- Unterschiede in den Konsequenzen: Im Gespräch mit dem Versicherungsvertreter, der die Schadenanzeige entgegennahm, erfuhr ich nebenbei, dass bei seiner Versicherung eine Stelle frei war, für die ich mich dann bewarb.
- Unterschiede in der Wahrnehmung: Die Hilfsbereitschaft eines Unbekannten, der in dem Moment vorbeikam, als ich den Schaden entdeckte, berührte mich tief. Er half mir, die Tausende Glassplitter der Fensterscheibe aus dem Wageninnern zu entfernen, rief für mich die Polizei an, stand mir die ganze Zeit bei und lud mich schließlich, als Trost, zu einem Kaffee ein.

Das Ereignis ist also nur oberflächlich betrachtet identisch. Ein Bestandteil des Gesamtgeschehens ist zwar gleich wie früher, die übrigen sind jedoch jedes Mal verschieden.

Drittens. Alles geschieht uns (mindestens) zwei Mal: Das erste Mal (oder mehrmals) lernen wir daraus, das nächste Mal müssen wir beweisen, dass wir die theoretischen Erkenntnisse aus der Erfahrung nun auch praktisch umsetzen können. Bestehen wir diese „Prüfung der Lebensschule" wird uns das Gleiche nicht wieder passieren.

*   *   *

Warum erfährt man manchmal eine Häufung von Schicksalsschlägen, die einzeln schon schwer zu bewältigen wären und alle zusammen kaum zu ertragen sind? Beispiel: Innerhalb von drei Monaten stirbt der Partner, der Arbeitgeber geht pleite und man erkrankt schwer.

Jedes einzelne Ereignis hat einen bestimmten Sinn, den wir vielleicht erkennen und aus dem wir lernen. Vielleicht. Allerdings besteht die Gefahr, dass wir uns aus nur einem Problem herauswinden oder es verdrängen, ohne daraus zu lernen. Möglicherweise haben wir dies in der Vergangenheit schon getan.

Die Häufung von Schicksalsschlägen hingegen führt uns an unsere Grenzen, an den Punkt, an dem wir die Augen nicht verschließen können und etwas unternehmen müssen. Vielleicht wagen wir dabei neue Schritte, weil wir nichts mehr zu verlieren haben. (Zwischenbemerkung: In Wirklichkeit haben wir *nie* etwas zu verlieren!) Oder nach einer Zeit des Schmerzes und der Verzweiflung, in der wir den Gleichmut schulen sollen, eröffnen sich uns ungeahnte positive Möglichkeiten, die wir nicht wahrnehmen könnten, wären die sogenannten Schicksalsschläge nicht alle zusammen aufgetreten.

Ich erzähle dazu die Geschichte einer Bekannten, Angelika. Lange Zeit verlief ihr Dasein geordnet und überschaubar. Als sie Anfang 50 war, veränderte sich binnen weniger Wochen alles. → Name geändert

Sie war damals Physiotherapeutin mit einer eigenen Praxis und bewohnte seit mehreren Jahren mit ihrem Partner eine schöne Wohnung im Grünen. Ein Jahr zuvor hatte sie ihre Praxis zu einem kleinen Fitness-Studio ausgebaut und dafür einen Kredit aufgenommen. Doch leider funktionierte dieser Plan nicht, die Kunden blieben aus und sie musste den Konkurs anmelden. Finanziell war sie am Ende, hatte sie doch auch ihre wenigen Ersparnisse in das Projekt investiert.

Ihr Partner verdiente nicht so viel, dass er sie hätte unterstützen können. Zudem verhielt er sich seit einiger Zeit seltsam, sie wusste nicht mehr, woran sie mit ihm war – und tatsächlich, nur wenige Tage nach ihrer geschäftlichen Kapitulation teilte er ihr mit, dass er sich von ihr trennte. Eine Woche später zog er bereits aus.

Mit ihrer finanziellen Situation hatte seine Entscheidung allerdings nichts zu tun, er hatte sich einfach in eine jüngere Frau verliebt. Angelika war zwar traurig und verletzt, betrachtete es aber als ein Zeichen des Schicksals, jetzt ihre ganzen Kräfte darauf zu konzentrieren, wie es beruflich weitergehen sollte.

Doch als ihr Vermieter ihr kurz darauf die Wohnung kündigte, weil sein Sohn da einziehen wollte, brach sie zusammen. Das war zu viel auf einmal! Geld weg, Arbeit und Verdienst weg, Freund weg, Wohnung weg... Sie wusste nicht mehr weiter, war verzweifelt. Nach einem Konkursverfahren standen ihre Chancen, eine neue Wohnung und Praxisräume zu finden, gleich Null, und in ihrem Alter eine Anstellung zu bekommen ebenfalls. Ihr würde nichts anderes übrigbleiben, als beim Sozialamt anzuklopfen. Sie schämte sich zutiefst für ihr Versagen.

In jenen Tagen traf ich sie „zufällig" beim Einkaufen, nachdem ich sie etwa ein Jahrzehnt nicht mehr gesehen hatte. Sie erzählte mir von ihrer Situation. Ohne lange zu überlegen, sagte ich: „Du musst jetzt zuerst mit dir selbst ins Reine kommen und deine innere Ruhe wiederfinden. Warum gehst du nicht für eine Weile ins Kloster? Ich habe gehört, dass dort Gäste aufgenommen werden, man kann bis zu einem Jahr bleiben."

Augenblicklich wusste Angelika, dass das genau das Richtige war. Eine spirituelle Ader hatte sie immer schon gehabt. Sie wurde im Kloster herzlich aufgenommen und schon nach wenigen Wochen war ihr klar, dass ihre Seele immer nach einer solchen gemeinschaftlichen Lebensform gedürstet hatte. Sie konvertierte zum Katholizismus, begann das Theologiestudium und durfte für die ganze Dauer ihrer Ausbildung kostenlos im Kloster wohnen. Nach dem Abschluss arbeitete sie als Seelsorgerin und widmete sich mit Hingabe ihren Aufgaben.

Angelikas Geschichte zeigt eindrücklich, wie aus der Anhäufung von scheinbar schweren, ja fast unüberwindbaren Schicksalsschlägen etwas Neues, Schönes und Beglückendes entstanden ist. Leider sind es oft erst die schweren Schicksalsschläge, die uns auf unseren spirituellen Weg führen oder uns darin bestärken. Mir erging es so beim Tod meines Lebenspartners.

Wichtig ist in jedem Fall, darauf zu vertrauen, dass nichts geschieht, um uns zu strafen oder zu verletzen. Alles dient unserer Entwicklung und mündet im Guten, in Glück und Erfüllung. An dieser Überzeugung sollten wir unter allen Umständen festhalten.

*   *   *

Wenn wir uns in einer Lebensphase befinden, in der alles ohne nennenswerte Schwierigkeiten und Rückschläge gelingt und wir mit uns und dem Leben zufrieden sind: Dürfen wir daraus schließen, dass wir alles richtig machen?

Alles machen wir wohl nie richtig und ausgelernt haben wir auch nie. Doch wir brauchen uns die Herausforderungen tatsächlich nicht zu suchen, sie finden uns von selbst, wenn wir in der Lebensschule einen Schritt vorwärts machen sollen. Deshalb dürfen wir die leichten Zeiten durchaus genießen und das Leben einfach fließen lassen.

Sollten wir uns dennoch, ohne es zu merken, auf einem falschen Weg befinden, werden uns die Warnzeichen schon erreichen und das Schicksal wird uns umleiten.

Wandern wir auf dem „sonnenbeschienenen Pfad" durchs Leben (auf dem *sunlit path* wie der indische Philosoph und Mystiker Sri Aurobindo ihn nannte), mit absolutem Vertrauen in das Göttliche, so führt es uns bei jedem Schritt an die Erfahrungen heran, die uns dem spirituellen Ziel näherbringen. Dieses absolute Vertrauen bedingt im Wesentlichen:

→ Vergleiche Seiten 16/17

• *Furchtlosigkeit.* Wir sind bereit, alle künftigen Erfahrungen, auch sogenannt leidvolle, anzunehmen, weil wir wissen, dass sie für uns nötig sind und wir daraus lernen.

• *Sorglosigkeit.* Wir legen unsere Wünsche weitgehend ab, akzeptieren dankbar, was auch immer uns gegeben und genommen wird; ein Verlust oder das Nichterlangen eines Ziels bereiten uns keinen Kummer.

• *Gleichmut.* Wir unterscheiden nicht zwischen Angenehmem und Unangenehmem. Unsere Zufriedenheit ist stets vorhanden, sie kommt aus dem Innern und ist nicht abhängig von den äußeren Umständen.

Sri Aurobindo sagte, dieser sonnige Weg sei einfacher als andere Wege, beispielsweise der Weg der Askese, des Rückzugs aus der Welt, der religiösen Praktiken: Es ist die bedingungslose, vertrauensvolle Hingabe des eigenen Lebens an das Göttliche, wir übergeben ihm die ganze Verantwortung, die Last, den Kampf, die Sorge um uns selbst und unsere Lieben, die Not – wir lassen alles los.

→ Die Thematik der bedingungslosen Hingabe an das Göttliche behandle ich in Band V

Kein Weib wird schwanger oder kommt nieder, es sei denn mit Gottes Wissen. Und keinem, der alt wird, wird das Altwerden oder eine Verkürzung der Lebenszeit zuteil, ohne dass es in einem Buch stünde.
Koran, Sure 35,11

Das Leben kann nur in der Schau nach rückwärts verstanden, aber nur in der Schau nach vorwärts gelebt werden.
Søren Kierkegaard

Werden nicht zwei Spatzen schon für einen Groschen verkauft? Und doch: Nicht einer von ihnen fällt zur Erde ohne den Willen Gottes. Von euch aber sind sogar die Haare eures Hauptes alle gezählt. Nein, fürchtet euch also nicht.
Matthäus-Evangelium 10,29-30

Gott würfelt nicht.
Albert Einstein

Was nicht geschehen soll, wird niemals geschehen, wie sehr man sich auch darum bemüht. Und was geschehen soll, wird sicher geschehen, wie sehr man sich auch bemüht, es zu verhindern. Das ist gewiss. Weise zu sein bedeutet deshalb, ruhig zu bleiben.
Ramana Maharshi

Es besteht kein Unterschied zwischen Heimsuchung und Wohltat, denn beides kommt von Gott, und wir freuen uns über alles, was ihm gefällt.
Al Ghazali

Nicht was wir erleben, sondern wie wir empfinden, was wir erleben, macht unser Schicksal aus.
Marie von Ebner-Eschenbach

Nur Mut!

Du bist unterwegs auf einem berei-
chernden, spannenden Weg durchs
Leben. Es gibt die Schattenseite,
gewiss, aber es gibt auch einen sonnigen Pfad!

Selbst wenn derzeit Schwierigkeiten, Hindernisse, Herausforderungen dich noch belasten – sieh dort
drüben, dort ist dein eigener son-
nenbeschienener Weg, unberührt,
und er wartet nur auf deine Schritte!

Du wirst ihn erreichen, gib niemals
auf, dann wird dein Leben leicht und
voller Freude. Das ist das göttliche
Versprechen an alle Menschen:
Jeder, der es ehrlich will und sich
bemüht, wird zum Ziel gelangen.

Verzweifle nicht, denke nicht: „Ich fühle mich schlecht, schwach, am
Ende meiner Kräfte, ich schaffe es nicht mehr, ich werde es nie schaffen…" Geh aufrecht durch alle Schatten, was hast du schon zu verlieren? Deine Ängste wirst du verlieren! Deine Abhängigkeit wirst du verlieren! Und das Vertrauen in dich selbst wirst du finden, die Zuversicht
in die göttliche Vorsehung.

Sieh, auf dem sonnenbeschienenen Pfad wartet ein neues Leben auf
dich. Wandere weiter, mutig, zuversichtlich, du kannst nicht verlieren,
nur gewinnen.

✧ Die sogenannten Zufälle oder, genauer gesagt, alles, was sich ereignet, das ganze Schicksal, hat einen Sinn: Es will mich lehren und mich in meiner inneren Entwicklung weiterführen.

✧ Ich bin stets wachsam für alles, was sich ereignet, und versuche, die Zeichen zu deuten, zu verstehen und daraus zu lernen.

✧ Wenn ich bei einem Ereignis die Frage „Was hat es für mich zu bedeuten?" jedoch nicht beantworten kann, lasse ich los, nehme es gleichmütig an und bin zuversichtlich, dass ich trotzdem lerne und zu einem späteren Zeitpunkt ein deutlicheres Zeichen mir den Weg weisen wird.

✧ Es gibt einen sonnigen Weg durch das Leben: im absoluten Vertrauen in die göttliche Vorsehung, ohne Furcht und ohne Sorge. Jeder Mensch kann ihn im gewöhnlichen Alltag beschreiten.

✦ Gibt es in meiner momentanen Lebenssituation Zeichen, die mir einen Richtungswechsel nahelegen?

✦ Neige ich dazu, Ereignisse einer gewissen Tragweite einfach als sinnlosen Zufall oder Schicksal abzutun, anstatt mich mit ihnen auseinanderzusetzen?

✦ Mache ich mir die Deutung von wichtigen Ereignissen zu leicht, indem ich vorschnell auf die Stimme des Ego höre und nicht ehrlich zu mir selbst bin?

✦ Kann ich das Schicksal annehmen, das mir zuteil wird, auch in kleinen, banalen Alltagsdingen, ohne mich dagegen aufzulehnen und zu hadern?

✦ Bemühe ich mich, die Lehren aus den gemachten Erfahrungen zu ziehen und im Alltag umzusetzen?

✦ Hänge ich noch der Überzeugung an, irgendetwas, was mir geschieht, sei Belohnung oder Strafe für vergangene Taten und nicht nur Belehrung zu meinem Besten?

Entwicklungsziel

Ich erkenne, dass alle Ereignisse und Erfahrungen den Sinn haben, mich zu lehren und auf meinem spirituellen Weg weiterzubringen. Ich bin wachsam für die Zeichen und ihre Bedeutung und akzeptiere, was auch immer mir zufällt.

→ Bitte beachte „Tipps zum Umgang mit der Sonnwandeln-Reihe" auf Seite 17

Hauptaufgabe: Nichts geschieht ohne Sinn

Ich bin in meinem Alltag wachsam und aufmerksam für Zeichen und Symbole. Ich frage mich stets: Was hat das, was mir gerade passiert, zu bedeuten? Was will dieses Ereignis mich lehren? Was will dieser Erfolg/Misserfolg mir sagen? Warum geschieht es gerade zu diesem Zeitpunkt?

Das praktiziere ich bei den belanglosesten Begebenheiten wie: Ich stoße ein Glas um, ich bekomme unerwartet einen Blumenstrauß. Ebenso bei großen schicksalhaften Ereignissen wie: Ein mir nahestehender Mensch stirbt, ich gewinne im Lotto.

Insbesondere horche ich auf, wenn bei einem Ereignis in mir spontan der Gedanke aufkommt: „Welch ein Zufall!" Oder: „Das war Schicksal!" Oder: „Wenn ich nicht ausgerechnet jetzt da gewesen wäre…"; „Wenn ich das nicht getan hätte…" Dann erinnere ich mich selbst daran, dass nichts ohne Sinn geschieht, und suche nach der Bedeutung.

→ Seite 87 Obwohl ich vorher unter „Vertiefende Aspekte" geschrieben habe, wir sollen nicht bei jedem banalen Ereignis nach dem Sinn suchen, so ist es ganz nützlich, dies für eine Weile zu tun, als Übung.

Spielerische Aufgabe: Erkennen von Zusammenhängen bei sogenannten Zufällen

Ich schneide ein Blatt Papier in viele einzelne Rechtecke von ca. 7 x 5 cm.

Auf eines dieser Zettelchen schreibe ich ein wichtiges, positiv bewertetes Ereignis meines Lebens (in Stichworten), am besten ein einschneidendes, und lege den Zettel auf der rechten Seite vor mich auf den Tisch. Auf den nächsten Zettel notiere ich die unmittelbare offenkundige Ursache, die dazu geführt hat, und reihe diesen Zettel links an den ersten. Auf den nächsten Zettel schreibe ich wiederum die unmittelbare offenkundige Ursache, die zu letzterem Ereignis geführt hat, und so mache ich weiter, solange ich mich an die Ereignisse und sogenannten Zufälle erinnere.

→ Unter Ereignis verstehe ich hier auch eine wichtige Erkenntnis oder innere Erfahrung.

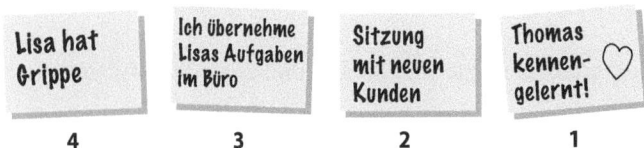

| 4 | 3 | 2 | 1 |

Das Spiel funktioniert auch umgekehrt, bei schmerzlichen Ereignissen: Ich notiere das Ereignis auf den ersten Zettel und lege ihn links auf den Tisch, auf den zweiten rechts davon dann die unmittelbare offenkundige Folge, auf den dritten Zettel schreibe ich die Folge des zweiten Ereignisses und so weiter.

Nachdem alle Zettel auf dem Tisch liegen, lese ich sie bei beiden Varianten der Reihe nach von links nach rechts. Dieses Erkenntnisspiel führt bildhaft vor Augen
• wie unbedeutende, unscheinbare Zufälle zu wichtigen Erfahrungen und Wenden im Leben führen;
• wie Schicksalsschläge lehrreich sind und sich zum Guten wenden.

→ Bitte beachte die detaillierte Anleitung auf Seite 202

ALLES HAT EINEN SINN.

ALLES, WAS ICH ERLEBE, BRINGT MICH AUF MEINEM WEG VORAN.

ALLES HAT EINEN SINN UND AUS ALLEM ENTSTEHT DAS BESTE.

ICH BIN DANKBAR FÜR ALLES, WAS MIR ZUFÄLLT, ES IST GUT FÜR MICH.

ICH BIN DANKBAR FÜR ALLES, WAS MIR GEGEBEN UND WAS MIR GENOMMEN WIRD.

ICH ERKENNE DIE ZEICHEN UND SYMBOLE AUF MEINEM WEG.

ICH BIN OFFEN FÜR DIE ZEICHEN UND LASSE MICH FÜHREN.

ICH VERTRAUE IN DIE GÖTTLICHE WEISHEIT, SIE FÜHRT MICH.

ICH LERNE AUS DEN EREIGNISSEN.

ICH LASSE ALLES LOS UND ÜBERGEBE ES DEM GÖTTLICHEN.

DAS LEBEN IST SPANNEND UND VOLLER WUNDER.

IMAGINATION

- Ich befinde mich an einem vertrauten Ort; hier fühle ich mich sicher und geborgen, ich spüre die Ruhe um mich und in mir.

→ Bitte beachte die detaillierte Anleitung auf Seite 203

- Vor mir ist eine Schale mit vielen bunten Glasperlen in den schönsten Farben und Formen. Jede Glasperle ist ein wichtiges Ereignis meines Lebens. In meinen Händen halte ich eine Nadel mit einem Faden. Ich suche mir eine Perle aus und fädle sie ein: Es ist ein wichtiges Ereignis aus meiner Kindheit (ein schöner Moment oder ein schwerer: besonders glückliches Erlebnis, Tod eines Angehörigen, Umzug in eine fremde Gegend usw.). Ich betrachte kurz das Bild jenes Ereignisses, das in mir aufsteigt.

- Danach reihe ich die nächste Perle auf: Es ist ein weiteres Ereignis aus meiner Kindheit (oder bereits Jugend, erstes Erwachsenenalter). Wiederum betrachte ich kurz das Bild jenes Ereignisses, das in mir aufsteigt.

- So reihe ich die Perlen eine nach der anderen auf den Faden; jede Perle ist ein Ereignis, chronologisch von den entfernteren zu den näheren, bis ich beim heutigen Tag angelangt bin.

- Jetzt, plötzlich, ohne mein Dazutun, fädelt sich von selbst eine gleißende weiße Perle auf meine Kette ein, sie ist die schönste von allen, ein strahlender Lichtpunkt. Die Perlen in ihrer Nähe beginnen ebenfalls zu strahlen und dieses Licht breitet sich auf alle eingefädelten Perlen aus. Meine Kette ist wunderschön, bunt, fröhlich, lieblich, aus strahlendem Licht: Alle Ereignisse, mein ganzes Leben erstrahlt im Licht.

- Auch die Perlen, die noch in der Schale vor mir liegen, beginnen zu strahlen, von Licht durchflutet: Meine ganze Zukunft erstrahlt im Licht.

- Beginnt die Erfahrung zu verblassen, so fühle ich mich wohl und geborgen, genieße den Frieden und die Ruhe in mir. Dann atme ich tief in den Bauch, öffne die Augen, verharre noch eine Weile regungslos, schaue um mich, spüre meinen Körper und bewege mich langsam.

EMPFOHLENE BACH-BLÜTEN

→ Bitte beachte die detaillierte Anleitung auf Seite 206

Haupt-Blüten

Seelenzustand	Nr.
Ich mache immer wieder die gleichen Fehler, lerne nicht aus meinen Erfahrungen.	7
Ich hege Groll gegen das Schicksal, mache andere oder die Umstände für meine Situation verantwortlich, bin verbittert.	38
Ich hänge an der Vergangenheit und/oder bedaure verpasste Chancen.	16
Ich mache mir oft Selbstvorwürfe, kann mir nicht verzeihen, habe Schuldgefühle.	24
Ich fühle mich hoffnungslos, ich habe resigniert.	13

Gewählte Blüten:

☐ ☐ ☐ ☐ ☐

Zusatz-Blüten

Seelenzustand	Nr.
Ich bin ungeduldig und/oder leicht reizbar, warte den Lauf der Dinge nicht ab.	18
Ich weiß, was ich will, und will jeweils meinen Willen durchsetzen, ich bin rechthaberisch oder tyrannisch.	32
Ich bin mit meinem momentanen Leben nicht zufrieden und/oder ich habe keine Ziele in meinem Leben.	36
Ich bin im Allgemeinen eher pessimistisch, skeptisch und/oder gebe schnell auf.	12

Gewählte Blüten:

☐ ☐ ☐ ☐

EMPFOHLENER HEILSTEIN: BERGKRISTALL

→ Bitte beachte
die detaillierte
Anleitung auf
Seite 209

Wirkung

Der Bergkristall ist der Stein des klaren Verstandes: Er schärft die Wahrnehmung und die Objektivität und hilft dadurch, Situationen und Ereignisse im richtigen Licht zu sehen und zu verstehen. Zudem vermittelt er Gelassenheit und Ruhe.
Der Bergkristall ist universell und kann mit allen anderen Steinen kombiniert werden.

Anwendung

Einen kleinen Bergkristall auf dem Körper tragen, beispielsweise als Anhänger an einer Kette, oder eine Bergkristallgruppe im Raum aufstellen.

Reinigen und Aufladen

Einmal pro Monat unter fließendem warmem Wasser reinigen; dann an der Sonne aufladen.

Nachdem du eine Weile – in der Regel mehrere Wochen – in deinem All-tag zum Thema dieses Kapitels an dir gearbeitet hast, blickst du kurz zurück und schaust, wo du stehst. Kreuze bei den untenstehenden Aussagen an, was auf dich zutrifft. Sei ehrlich zu dir selbst, ohne falsche Bescheidenheit und ohne Selbstvorwürfe oder Entmutigung – es ist nur eine Bestandesaufnahme, ohne Wertung, um zu erkennen, in welchem Bereich du dich noch bemühen kannst... damit du wirst, was du bereits bist.

Lernziele dieses Kapitels Erreicht:	Ja	Nein
Ich bin wachsamer geworden für die Ereignisse und versuche, ihren Sinn zu verstehen. Oder: Ich bin weitsichtiger geworden in der Beurteilung von Ereignissen, ich sehe die Zusammenhänge klarer.	☐	☐
Misserfolge nehme ich mit weniger Frustration, Enttäuschung, Entmutigung an. Oder: Es gelingt mir, auch in Problemen und Schwierigkeiten einen Sinn zu suchen und zu finden.	☐	☐
Ich versuche zwar, die Zeichen auf meinem Weg zu deuten, kann aber Ereignisse, deren Sinn ich nicht verstehe, auch leichter auf sich beruhen lassen.	☐	☐
Ich bin geduldiger geworden, kann vermehrt den Dingen ihren Lauf lassen.	☐	☐
Einige vergangene Taten habe ich mir jetzt verziehen. Oder: Es gibt in meinem Leben keinen sogenannten Schicksalsschlag mehr, mit dem ich mich nicht versöhnt habe.	☐	☐
Ereignisse bezeichne ich nicht mehr gedankenlos als Zufall.	☐	☐
Verpasste Chancen bedaure ich nicht mehr. Oder: Mit dem Schicksal hadere ich nicht mehr, wenn mir etwas zustößt oder wenn ich an vergangene Ereignisse denke.	☐	☐

Mein weiterer Entwicklungsschritt

Notiere jetzt eine Einsicht/Herausforderung/Aufgabe, an der du arbeiten willst – aber nur eine!
Dann prägst du sie dir gut ein, bittest das Göttliche, dich dabei zu führen und dein Bemühen zu fördern, und lässt sie los. Du kannst jetzt mit dem nächsten Kapitel und dessen Aufgaben weiterfahren.

Den Entwicklungsschritt, den du hier aufgeschrieben hast, darfst du von Zeit zu Zeit nachlesen, gewissermaßen zur Erinnerung, aber beschäftige dich gedanklich nicht mehr damit. Den Impuls hast du nämlich gesetzt – überlass es dem Göttlichen, ihn so umzusetzen, wie es für dich gut ist.

....

....

....

....

....

....

....

....

....

....

....

....

....

....

....

....

Steinreihen und einzelne Menhire weisen auf Sonnenwenden, Auf- und Untergang des Mondes, Tag- und Nachtgleichen und mehr. Schon vor Tausenden von Jahren wollten die Menschen den Lauf der Himmelskörper kennen, Sonnen- und Mondfinsternisse voraussagen, denn seit jeher werden die Gestirne mit der Vorbestimmung in Zusammenhang gebracht. (Bild: Megalithische Kultstätte in Falera, Schweiz).

4. Freier Wille oder Vorbestimmung?

Themen dieses Kapitels
• Menschliches und göttliches Gerechtigkeitsverständnis • Handlungsweise und Konsequenzen • Die Verantwortung für unsere Taten • Fördert der Glaube an die Vorbestimmung den Egoismus? • Was steht in den Sternen geschrieben? • Das eigene Schicksal ändern • Was treibt uns an zu bestimmten Taten? • Abgrenzung zwischen meinem und einem fremden freien Willen

Entwicklungsziel
Ich setze meinen freien Willen dazu ein, um in jedem Augenblick zu tun, was gerade zu tun ist, ohne eine Tätigkeit einer anderen vorzuziehen.
Ich entscheide und handle meiner Inneren Stimme folgend und überlasse die Ergebnisse meiner Taten dem göttlichen Willen.

Freier Wille oder Vorbestimmung?

Seit jeher fragen sich die Menschen, inwieweit ihr Leben vorherbestimmt sei oder sie es selbst nach ihren Vorstellungen gestalten könnten. Philosophien und Religionen haben versucht, eine Antwort zu geben.

Absolute Vorbestimmung bedeutet, dass unser Leben bis in die kleinsten Details, einem Roman gleich, aufgeschrieben ist und wir nichts weiter sind als Schauspieler auf der Weltbühne, die einen Text auswendig können, jede Bewegung einstudiert ausführen, nach den Anweisungen eines Regisseurs, der in einer uns unbekannten Weise lenkt – Schauspieler allerdings, die sich nicht bewusst sind, dass sie nur eine Rolle spielen, und meinen, alles sei Wirklichkeit.

Absolut freier Wille hingegen impliziert, dass die ganze Welt ein Chaos ist, in das in jedem Augenblick jeder einzelne Mensch oder, noch weiter gefasst, jedes einzelne Wesen und die Natur fortlaufend einwirken, es beeinflussen und somit Macht auf die „Geschichte der Welt" ausüben.

In beiden Fällen ist unser eigenes Leben für uns unvorhersehbar: Im ersten Fall, weil wir das Drehbuch unseres Bühnenstücks nicht kennen, im zweiten, weil wir trotz unseres freien Willens ständig den Auswirkungen fremder Willen ausgesetzt sind.

Religiöse und spirituelle Menschen sind sich zumindest darin einig, dass die Welt nicht völlig chaotisch sich selbst überlassen ist und das Göttliche oder andere Mächte einen Einfluss ausüben. Die meisten glauben wohl auch, dass die Ereignisse weder auf absoluter Vorbestimmung noch auf absolut freiem Willen beruhen, sondern dass die Wahrheit irgendwo dazwischen liegt, näher beim einen oder beim anderen Extrem.

Das Modell „Karma-Gesetz"

→ Vergleiche Seiten 88 und 91

Das Ei des Kolumbus scheint uns das Karma-Gesetz zu bieten. Es besagt, dass jede unserer Taten, und sei es die unbedeutendste, Folgen für uns hat. Somit begründet zwar eine Gesetzmäßigkeit die Ereignisse, doch gleichzeitig können

wir uns dabei jeweils frei für unsere Handlungsweise entscheiden. Es ist unerheblich, ob wir an die Wiedergeburt
glauben oder nicht, denn auch im Christentum und im Is-
lam haben die Taten, die wir aus freiem Willen begehen,
Konsequenzen: Sie ereilen uns entweder in einem irdischen
Erdenleben oder in einem Jenseits (Paradies/Hölle). Gute
Taten bringen jedenfalls Gutes, böse Taten Böses auf uns.

Das Problem, das ich im Karma-Gesetz und in den anderen Theorien von Belohnung und Strafe sehe, liegt in der
Übertragung unserer menschlichen Gerechtigkeitsideale
auf das Göttliche – als kannten wir den göttlichen Plan in
seinen Einzelheiten, als maßten wir uns an zu richten über
Gut und Böse, Recht und Unrecht aus göttlicher Sicht... Solche Systeme gehen von einem simplen Mechanismus der
Vergeltung aus und berücksichtigen nicht die göttliche Liebe und Gnade.

→ Vergleiche
Seite 117

Wir sind keine Marionetten – vielmehr kleine Kinder

Ich glaube, dass das Göttliche uns seinen Willen nicht auf-
zwingt, weder durch starre Gesetzmäßigkeiten noch mit
anderen Methoden, es uns aber auch nicht völlig uns selbst
überlässt – wir sind ja nichts als kleine Kinder, die in diese
Welt hineingestellt ihren Weg in ihre wahre Heimat, zurück
ins „göttliche Elternhaus" finden sollen.

Wie liebende Eltern bei der Erziehung ihrer Kinder nicht
die Regeln von Zuckerbrot und Peitsche anwenden, sondern sie ermuntern, ihren Weg selbstständig zu gehen und
dabei durch eigene Erfahrungen, selbst schmerzhafte, zu
lernen, so werden wir Menschen liebevoll und vorsichtig an
Herausforderungen herangeführt, um daran innerlich zu
wachsen. Sooft wir auch Fehler machen, wir bekommen
immer wieder eine Chance, es erneut zu versuchen, daraus
Erkenntnisse zu gewinnen und es das nächste Mal besser
zu machen.

Das Kind entscheidet und handelt allerdings nicht immer
im Sinne seiner weiseren Eltern; so treffen auch wir Entscheidungen, die uns vom Göttlichen entfernen. Selbstverständlich müssen wir die Konsequenzen dafür tragen –
Konsequenzen, die aber immer nur dazu dienen, uns wieder auf den richtigen, direkten Weg zu führen.

→ Vergleiche
Seiten 94 und 118

Entscheiden und handeln

Niemand kann sagen, ob eine der Theorien, die sich die Menschen in Bezug auf den freien Willen und die Vorbestimmung ausgedacht haben, überhaupt stimmt.

Doch spielt es für uns wirklich eine Rolle, ob unsere Entscheidungen und Handlungen vorherbestimmt sind oder nicht? Ob wir Schauspieler sind, die vergessen haben, Schauspieler zu sein, und sich gänzlich in ihrer Rolle verlieren, oder ob wir in jedem Moment unser Leben eigenmächtig neu definieren und bestimmen?

Da wir es nicht mit Sicherheit wissen, bleibt uns gar nichts anderes übrig, als in jeder Situation so zu entscheiden und zu handeln, wie wir es spüren. Ein *objektives* Richtig oder Falsch kann es nicht geben. Wer auch immer auf dieser Welt darüber ein Urteil spricht: Es beruht immer auf einer menschlichen, nicht auf der göttlichen Perspektive.

→ Vergleiche Kapitel 6 über die Innere Stimme

Vertrauen wir darauf, dass keine unserer Entscheidungen und Taten zu unabänderlichen Konsequenzen führt. Alles ist ständig im Fluss, die Situationen wandeln sich, Unvorhergesehenes tritt auf, Erwartetes bleibt aus... in jedem Augenblick entsteht die Gegenwart neu.

Der Glaube an vorherbestimmte Fixpunkte im Leben, etwa Tod oder schwere Krankheiten

Manche meinen, sie könnten dem Tod nicht entrinnen, wenn ihre Stunde geschlagen hat, ebenso wenig anderen schicksalhaften Ereignissen, dass also gewisse Fixpunkte im Leben eines Menschen vorgegeben seien. Gäbe es jedoch ein vorherbestimmtes, unabänderliches Schicksal, wenn auch auf einzelne Ereignisse beschränkt, so wäre es zwecklos, dass wir durch unser (gutes) Verhalten versuchen, unseren Lebensweg zu beeinflussen.

Ein solcher Glaube steht zudem im Widerspruch zum Vertrauen in die göttliche Barmherzigkeit. Jede unserer Handlungen hat zwar eine Wirkung, das ist ein unumstößliches naturwissenschaftliches Gesetz. Doch *wie* sich diese Wirkung im Einzelfall äußert, wissen wir nicht. Schleudern wir einen Stein gegen ein Fenster und trifft er das Ziel, so geht es in die Brüche. Das entspricht dem Gesetz von Ursache und Wirkung. Der Stein kann aber ebenso gut von einem heftigen Windstoß abgelenkt werden und nicht in der Scheibe, sondern etwas daneben auf der Mauer aufschlagen, wo er nur einen geringen Schaden verursacht. Ein und dieselbe Tat kann also verschiedene Wirkungen auslösen.

Wenn der Sinn des Lebens unsere innere Entwicklung ist, die Gottesverwirklichung, die Erleuchtung, das Nirwana, das Paradies oder wie man es auch bezeichnet, so wird uns alles gegeben, was uns diesem Ziel näherführt. Da jeder Mensch sich an einem anderen Punkt des Weges zum Göttlichen befindet – gewissermaßen in einer anderen Klasse der Lebensschule – wäre es sinnlos, wenn uns allen bei gleicher Ursache das Gleiche zufiele.

Jeder von uns bekommt die glücklichen Zeiten und die schweren Momente, ebenso wie die Lebensdauer, die es ihm ermöglichen, seine Lernziele zu erreichen. Wir wählen und entscheiden fortwährend, ob wir schnell oder langsam vorankommen wollen: Ob wir uns im Leben einfach treiben lassen oder unsere innere Entwicklung bewusst angehen. Entsprechend unseren Fortschritten in der Lebensschule ändert sich unser Schicksal laufend. Denn haben wir eine

Lektion gelernt, müssen wir sie nicht wiederholen; umgekehrt werden wir immer wieder mit analogen Lerninhalten, wenn auch in unterschiedlichen Situationen, konfrontiert, bis wir den „Stoff" begriffen haben.

Freier Wille und Vorbestimmung sind also zwei Seiten der gleichen Medaille. Unser Schicksal unterliegt zwar den Gesetzmäßigkeiten von Ursache und Wirkung, somit einer gewissen Vorbestimmung; dank unseres freien Willens können wir es jedoch jeden Tag verändern und in eine neue Richtung lenken. Es ist nur unser begrenzter Verstand, der vermeintliche Gegensätze sieht und versucht, das eine oder das andere auszuschließen. Im Absoluten ist jedoch beides gleichzeitig vorhanden, im Göttlichen gibt es keinen Widerspruch.

* * *

Die Verantwortung für die Taten und die Konsequenzen
Aus einer moralischen und juristischen Sicht tragen wir jederzeit die volle Verantwortung für unsere Taten, da man davon ausgeht, der Mensch habe einen freien Willen.

Doch betrachten wir es einmal aus einer spirituellen Perspektive. Das Universum hat den Sinn, sich auf das Göttliche hin zu entwickeln und das Göttliche lenkt diesen Prozess durch seinen Willen. Wir Menschen können nun frei entscheiden, ob wir unser Handeln und unser Schicksal diesem göttlichen Willen unterordnen, also dem Sinn des Lebens folgen, oder nicht. In letzter Konsequenz ist diese die *einzige freie Entscheidung*, die wir treffen können.

Ergeben wir uns nämlich dem göttlichen Willen, so vertrauen wir uns gleichzeitig seiner Führung an. Dadurch übertragen wir die Verantwortung für unser Tun gewissermaßen dem Göttlichen. Für uns bedeutet das konkret: Wir versuchen, den göttlichen Willen zu erkennen und uns danach zu richten, wir handeln also stets nach bestem Wissen und Gewissen. Und unser Bemühen reicht bereits aus, damit die Wirkungen unseres Tuns uns nicht karmisch belasten. Sie gehorchen nicht länger der menschlichen Logik und einem menschlichen Verständnis von Gerechtigkeit (gleiche Ursache/gleiche Wirkung und Belohnung/Strafe), sondern einzig dem göttlichen Plan, der die Ereignisse und deren Wirkungen immer so lenkt, dass wir lernen und auf unserem Weg vorankommen.

Wir dürfen jederzeit auf die göttliche Gnade vertrauen und – ganz wichtig – auch darauf, dass unsere Taten nichts anrichten können, was nicht dem göttlichen Willen entspricht. Wir haben nicht die Macht, einem anderen Wesen einen Schaden zuzufügen, den das Göttliche nicht zulässt.

→ Vergleiche Seiten 27, 94/95 und 119

Umgekehrt, wenn wir unserem Ego folgen und uns nicht dem göttlichen Willen und seinem Plan fügen, so übernehmen wir die spirituelle Verantwortung für unsere Taten und werden durch die Lektionen der Lebensschule mehr oder weniger sanft auf den richtigen Weg gelenkt.

Die Thematik des göttlichen und unseres egoischen Willens behandle ich im nächsten Kapitel ausführlicher.

* * *

In jedem Augenblick tun, was gerade ansteht

Wie können wir aber den göttlichen Willen erkennen? Indem wir auf unsere Innere Stimme horchen: Sie ist die Stimme des Göttlichen in uns. Es ist zugegebenermaßen nicht immer einfach, sie zu hören, sie von den egoischen Stimmen zu unterscheiden, ihr zu vertrauen und zu folgen. Diesem Thema habe ich deshalb ein eigenes Kapitel gewidmet.

→ Kapitel 6

Im alltäglichen Handeln können wir uns zudem auf einen einfachen Grundsatz stützen: Wir tun in jedem Moment, was gerade ansteht, was sich zu tun anbietet, ohne eine Tätigkeit der anderen vorzuziehen. Es geht darum, immer sofort zu erledigen, was getan werden soll, und nicht länger nach dem Prinzip von Lust und Unlust zu handeln. Beispiele: Ich ziehe es nicht vor, ein Buch zu lesen, anstatt das Geschirr zu spülen; ich gehe nicht lieber ins Kino, anstatt meinem Bruder beim Umzug zu helfen; ich schiebe eine Aussprache mit meinem Vorgesetzten nicht auf.

→ „Aufgabe zur Selbstveränderung" Seite 132

Die Unterscheidung in geliebte und verhasste Tätigkeiten ist egoisch und steht im Widerspruch zu Gleichmut und Urvertrauen.

SINNBILDLICH

Der Brahmane und die Ziege
Eine indische Geschichte

→ Brahmane:
siehe Glossar
Seite 221

Ein Brahmane wollte bei religiösen Feierlichkeiten eine Ziege auf dem Altar opfern. Als er das Messer wetzte, begann die gefesselte Ziege plötzlich zu lachen. Erstaunt hielt der Priester inne und betrachtete das Tier. Da fing es an zu weinen.

Er fragte die Ziege, was ihr sonderbares Verhalten zu bedeuten hätte. Sie erklärte ihm: „Während ich dem Tode geweiht da lag, erinnerte ich mich, dass ich in einem früheren Leben auch einmal ein Brahmane war und wie du eine Ziege opferte. Wegen dieser Bluttat sollte ich fünfhundertmal als Ziege wiedergeboren werden und jedes Mal dadurch sterben, dass mir der Kopf abgeschlagen wird. Und dieses ist das fünfhundertste Mal! Deshalb habe ich gelacht: Weil ich nach diesem Tod in eine bessere Existenz wiedergeboren werde. Aber dann erkannte ich, dass du, der mich tötest, nun ein ähnliches Schicksal erleiden wirst, und du erbarmtest mich und ich musste um dich weinen."

Der Brahmane war gerührt und zugleich um sich selbst besorgt. Deshalb verzichtete er auf das blutige Opfer und ordnete an, dass man das Tier hege und beschütze.

Aber alle Fürsorge nützte nichts: Es kam ein Gewitter und ein Blitz schlug in der Nähe so ein, dass ein Felsbrocken durch die Luft geschleudert wurde und der Ziege den Kopf abschlug.

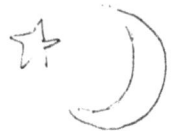

Illustration:
Jakob Aerne

→ Seite 83 *Wenn man sagt, dass der Flügelschlag eines Schmetterlings einen Orkan auslösen kann – kann, aber nicht muss –, spricht das nicht für ein Chaos ohne Vorbestimmung?*
Es gibt auch die interessante Theorie der unendlich vielen parallelen Universen – erstaunlich, worüber die moderne Physik nachdenkt! Sie besagt: Die Anzahl möglicher Konsequenzen einer Handlung ist unendlich und es stellt sich nicht die Frage, *welche* davon eintritt, sondern es treten *alle* überhaupt möglichen gleichzeitig ein – allerdings jede in einem anderen Universum.

Doch weder diese Theorie noch diejenige des Schmetterlings verschaffen uns Klarheit in Bezug auf die Frage nach Vorbestimmung und freiem Willen: Wer sagt uns denn, ob nicht etwa der Flügelschlag des Schmetterlings vorherbestimmt ist, ebenso wie alle seine Auswirkungen? Eine Anekdote über Napoleon verdeutlicht es. Da er ständig vom Schicksal redete, wurde er einmal gefragt, warum er dann überhaupt noch denke und plane. Er antwortete: „Weil es das Schicksal ist, das will, dass ich plane."

Diese Theorien sind jedenfalls nur amüsante Denkspiele, die uns nicht weiterbringen und uns nicht helfen, unser Leben zu meistern. In jedem Augenblick müssen wir nämlich unsere Entscheidungen treffen, ohne deren Folgen abzusehen und ohne zu wissen, ob diese in einem göttlichen Buch bereits aufgeschrieben sind, wie es in der Bibel und im Koran heißt. Unsere Taten haben für uns immer unvorhersehbare Auswirkungen – auch wenn wir manchmal meinen, sie zu kennen –, die ihrerseits wiederum unvorhersehbare Entscheidungen und Handlungen hervorrufen... Wir dürfen dabei aber nie vergessen, dass wir keine Fehler machen können, wir machen nur Erfahrungen.

* * *

Wo liegt die Grenze zwischen den freien Willen zweier Menschen – wenn diese Willen nicht übereinstimmen?
Dieses Thema gehört zum Kapitel über das Ego (Band IV). An dieser Stelle deshalb nur einige allgemeine Gedanken.

Klar gezogen ist die Grenze, wenn es ausschließlich um uns selbst geht: Alles, was nur auf dich und keinen anderen eine Auswirkung hat, liegt allein in der Kompetenz deines freien Willens. Niemand hat das Recht dir vorzuschreiben, was du essen sollst, ob du ein Buch lesen magst oder nicht und vieles mehr. Was allerdings, nebenbei bemerkt, nicht bedeutet, dass wir einen Ratschlag und Kompromisse a priori ablehnen sollten, ohne sie ernsthaft zu prüfen und in Erwägung zu ziehen.

In vielen Fällen ist von deinen Entscheidungen und Taten jedoch jemand mit betroffen. Hier stellt sich die Frage nach dem Recht auf Selbstbestimmung.

Ein Beispiel. Ein Vater will, dass sein Sohn die Firma übernimmt. Er bezahlt ihm die dazu notwendige Ausbildung und unterstützt seinen teuren Lebenswandel auch danach noch jahrelang – seine freie Entscheidung. Als der alte Mann sich eines Tages aus dem Geschäft zurückziehen möchte, will der Sohn jedoch nicht mehr einsteigen, da er inzwischen eine andere Berufung entdeckt hat. Der Wille des Vaters und der Wille des Sohnes sind also entgegengesetzt. Der Sohn teilt dem Vater seine Weigerung mit. Dazu hat er das Recht: Es ist sein Leben und er darf selbst darüber entscheiden.

Daraufhin wirft der Vater ihn aus dem Haus und sperrt seine Kreditkarte. Das ist der freie Wille des Vaters und sein Recht. Der Sohn muss also die Konsequenzen seiner freien Entscheidung tragen und auf den Luxus und die finanzielle Unterstützung verzichten. Als Folge davon wendet sich der Sohn vollständig vom Vater ab und will ihn nie mehr sehen.

Beide haben ihre Willensfreiheit genutzt und aufgrund der jeweiligen Entscheidung des anderes wiederum eigene neue Entscheidungen getroffen.

Die Quintessenz: Wir dürfen und sollen selbstbestimmt handeln. Vor den Folgen brauchen wir uns nicht zu fürchten, denn haben wir im Einklang mit der Inneren Stimme gehandelt, so fallen sie im Endeffekt positiv aus. Andernfalls werden wir daraus lernen und neue Einsichten gewinnen.

Ich will noch betonen, dass es mir beim obigen Beispiel nur um den Konflikt zweier freier Willen geht und nicht um andere Aspekte wie Liebe, Kompromissbereitschaft oder Gleichmut.

* * *

Man hört immer wieder, wie zutreffend ein durch einen seriösen Astrologen erstelltes Horoskop ausfällt. Zeigen die Sterne wirklich das Schicksal eines Menschen an?
Da jeder Körper (physikalisch ausgedrückt: jede Masse) einen Einfluss auf andere Körper ausübt, so wirken auch die Himmelskörper in irgendeiner, wenn auch noch so geringen Weise auf uns ein. Doch selbst wenn wir annehmen, dass die Gestirne uns beeinflussen: Wer kann sagen, ob wir die geworden sind, die wir sind, weil bei unserer Geburt eine bestimmte Konstellation herrschte, oder ob umgekehrt unsere Geburt von einer höheren Macht exakt für jenen Moment festgelegt wurde, in dem eine Konstellation die geeigneten Eigenschaften für unseren Lebensweg aufwies?

Dass in den Sternen Einzelheiten über unsere Zukunft geschrieben stehen, ist unwahrscheinlich. Nichts ist nämlich unabänderlich vorherbestimmt; stets lenken wir durch unsere Erkenntnisse und Taten das Künftige, ganz besonders wenn wir einem spirituellen Weg folgen.

→ Vergleiche
Seiten 117/118

Ich selbst habe einmal von einem astrologischen Psychologen ein Geburtshoroskop erarbeiten lassen und es hat mir einige Fragen beantwortet. Deshalb halte ich ein seriöses Horoskop für hilfreich – so hilfreich wie Tarotkarten und das Handlesen etwa. Es sind nämlich nicht die Medien selbst, die uns etwas verraten. Vielmehr ist es das Gespräch mit dem Astrologen oder der Wahrsagerin, besser gesagt die Gedanken, die in uns dabei aufkommen: Bestimmte Aussagen lassen uns aufhorchen und stoßen so in uns einen Erkenntnisprozess an. Besonders nützlich sind diese Hilfsmittel dann, wenn wir meinen, in einer Sackgasse zu stecken. Sie öffnen uns die Augen für Einsichten, die wir vorher übersehen hatten, und erklären uns in einer anderen „Sprache", was wir zuvor nicht verstehen konnten.

Wir dürfen dabei jedoch nur die Vergangenheit beleuchten und müssen der Versuchung widerstehen, einen Blick in die Zukunft zu werfen. Denn, wie gesagt, nichts ist absolut festgelegt und unabänderlich, und es besteht die Gefahr, dass wir durch die Kraft unserer Gedanken auf das hinsteuern, was das Horoskop oder andere Medien uns vermeintlich voraussagen (self-fulfilling prophecy).

Zudem müssen wir mit größter Achtsamkeit auf uns selbst hören, nichts einfach glauben, weil jemand es in den Sternen oder einer Kristallkugel sieht, und nur annehmen, was in uns selbst als Wahrheit anklingt.

*　*　*

Wenn Menschen glauben, alles sei vorherbestimmt, brauchen sie sich keine Gedanken mehr zu machen, ob sie gut oder schlecht handeln. Fördert das nicht etwa Egoismus und Rücksichtslosigkeit?
Theoretisch ja: Wenn jemand mit Überzeugung an die absolute Vorbestimmung glaubt, könnte er zum Egoisten werden und dies mit dem Spruch rechtfertigen: „Es musste so kommen, es war vorherbestimmt, ich kann nichts dafür." Doch wenn jemand sich egoistisch verhalten will, findet er immer einen Vorwand und Ausreden, ohne die Vorbestimmung bemühen zu müssen.

Im Koran finden sich verschiedene Stellen, die so interpretiert werden können, alles sei vorherbestimmt, etwa die Sure 35,11, die ich auf Seite 100 zitiere. Es gibt tatsächlich Schulen, die wegen der Aussage über Gottes Buch, in dem alles geschrieben steht, dem Menschen den freien Willen absprechen und ihn somit von jeder Eigenverantwortung entbinden. Doch wie passt das zusammen mit den versprochenen Belohnungen für gute Taten und den Strafen für die bösen?

Für mich hört sich das unlogisch an. Und auch für andere islamische Schulen, die solche Stellen im Koran nicht als Beweis für die Vorbestimmung verstehen, sondern für die Allwissenheit Gottes: Er weiß bereits, wie jeder Mensch in jeder Situation seinen freien Willen einsetzen wird – weshalb auch alles bereits in einem Buch aufgeschrieben ist.

Wie wir im Übrigen unschwer feststellen können, schützt auch der Glaube an den freien Willen nicht vor Egoismus. Im Allgemeinen bevorzugen die Menschen ja die (irrige!)

Vorstellung, dass sie mit ihrem Wollen, ihren Entscheidungen und Taten etwas bewegen können – was zweifellos zutrifft – und dabei gewollte und geplante Ergebnisse erzielen – was hingegen nicht zutrifft. Wir wissen doch alle aus eigener Erfahrung: Es kommt nicht immer so, wie wir es gerne hätten, trotz unseres Bemühens.

→ Vergleiche Seiten 145 und 153/154

* * *

Manchmal haben wir das Gefühl, keine Wahl zu haben, schicksalhaft in etwas getrieben zu werden, dem wir uns nicht entziehen können. Woher kommt das?

Von der Inneren Stimme oder vom Ego. Beide können uns das Gefühl vermitteln, „etwas" in uns habe entschieden, oder uns ohne nachzudenken spontan handeln lassen. Es ist nicht immer einfach herauszufinden, ob es unsere Seele ist oder das Ego, und darüber nachsinnen hilft meistens nicht. Folgen wir der wahren Inneren Stimme, brauchen wir uns keine Gedanken darüber zu machen, denn wir handeln nach dem göttlichen Willen. Treibt uns hingegen das Ego an, so ist es listig genug, uns tausend Begründungen und Rechtfertigungen für unser Verhalten unterzujubeln.

→ Vergleiche Kapitel 6 über die Innere Stimme; die Thematik des Ego behandle ich ausführlicher in Band IV

Manchmal erkennen wir den Grund, der uns zu einer Tat veranlasst hat, erst zu einem späteren Zeitpunkt, teilweise viel, viel später, Tage, Wochen oder gar Jahre danach. Dann lernen wir etwas daraus und vielleicht spüren wir bei der nächsten ähnlichen Situation besser, ob es unser Ego ist, das etwas will, oder unsere Seele.

Immer wenn es unsere Seele ist, die uns zu einem bestimmten Handeln treibt, dient es der Erfüllung des göttlichen Plans. Wessen wir uns dabei bewusst sein sollten: Es kann sein, dass wir selbst nur die Rolle des Werkzeugs spielen und die Aktion zum Nutzen eines anderen Menschen erfolgt. Wenn wir auf unser Leben zurückblicken, finden wir in der Regel mehrere Begebenheiten, bei denen wir in etwas getrieben wurden oder in einer für uns ungewohnten Weise handelten, ohne zu verstehen warum. Später, nachdem wir die Fortsetzung erlebt haben, wird uns manchmal klar, dass wir nur eine Rolle zu spielen hatten, damit sich für jemand aus unserem Umfeld etwas bewegte.

Ich erzähle eine Begebenheit, die mir passiert ist, um diesen Sachverhalt des Werkzeugs zu verdeutlichen. Es geht nochmals um Angelikas Geschichte, über die ich schon auf Seite 97 berichtet habe. Einige Wochen bevor ich sie „zufällig" traf – übrigens in einem Geschäft, das ich sonst nie aufsuche! –, ging ich in einer nahen Stadt spazieren und kam „zufällig" an eine Klosterpforte. Da hing ein Blatt mit der Ankündigung, dass man an einem bestimmten Tag zum gemeinsamen Abendbrot mit den Mönchen eingeladen war.

Ich ging hin. Ich wusste nicht warum, ich war über mich selbst erstaunt. Denn vom Katholizismus hatte ich mich längst abgewandt und ich war nicht gerade darauf erpicht, mich mit den Mönchen auf die dogmatischen Diskussionen einzulassen, die ich mit Nonnen und Priestern bereits in meiner Kindheit und Jugend fruchtlos geführt hatte.

Nun, das Abendessen war dann ganz nett, ohne dass ich danach jedoch das Gefühl gehabt hätte, spirituell weitergekommen zu sein. Interessant fand ich allerdings, dass auch drei „normale" Menschen dabei waren, die sich eine mehrmonatige Auszeit im Kloster gönnten. Das war in jener Gemeinschaft möglich, wie ich von ihnen erfuhr – Kloster zum Mitleben. Davon hatte ich zuvor noch nie gehört.

Als ich ein paar Wochen später Angelika traf und sie mir ihre Situation schilderte, gab ich ihr ganz spontan, ohne eine Sekunde darüber nachzudenken, den Rat, sich für eine Weile in jenes Kloster zurückzuziehen.

Danach fiel es mir wie Schuppen von den Augen. Deshalb hatte mich etwas gedrängt, am Abendessen im Kloster teilzunehmen! Nicht um meiner selbst willen, sondern nur um von der dortigen Rückzugsmöglichkeit zu erfahren und diese Information an Angelika weiterzugeben. Ihr Leben hat es grundlegend verändert, an mir ist die Erfahrung praktisch spurlos vorbeigegangen.

Der Bauer folgt den Jahreszeiten; der Kaufmann strebt nach Gewinn; der Beamte nutzt seine Macht: So äußert sich die Willenskraft. Doch dem Bauern wird Regen oder Trockenheit zuteil, dem Kaufmann Gewinn oder Verlust, dem Beamten Erfolg oder Misserfolg: So äußert sich das Schicksal.
Liä Dsi

Und niemand kann sterben ohne die Erlaubnis Gottes gemäß einer Schrift mit festgelegter Frist.
Koran, Sure 3,145

Uns wird nur das treffen, was Gott uns bestimmt hat.
Koran, Sure 9,51

Es ist kein Unterschied zwischen Heimsuchung und Wohltat, denn beides kommt von Gott, und wir freuen uns über alles, was ihm gefällt.
Al Ghazali

O Gott, ich bitte dich, dass du mich immer für die Werke gebrauchst, die dir am liebsten und am nächsten sind, dass du mir die Werke eingibst, die für dich am höchsten stehen, und mir die Kraft und die Aufrichtigkeit, die Energie und die freudige Stärke dazu schenkst.
Ali ibn Abi Talib

Ein freier Wille wird jedem Menschen angeboten. Wenn er sich auf den richtigen Weg begeben und gerecht werden will, dann liegt der Wille, es zu tun, in seinen Händen, und wenn er sich auf den falschen Weg begeben und böse werden will, so liegt der Wille, es zu tun, in seinen Händen.
Maimonides

Es ist besser, dass der Mensch bei dem seinem eigenen Wesen entsprechenden Wirken bleibt, auch wenn dies in sich selbst unvollkommen ist, als wenn er ein seinem Wesen fremdes Wirken gut ausführt. Wenn man in Übereinstimmung mit der eigenen Natur handelt, begeht man keine Sünde.
Bhagavadgita XVIII, 47

Aller Irrtum wird, wie alles Übel, aus einer Teilung im Unteilbaren geboren. Weil Gott unzählige Aspekte hat, bricht der Verstand seine Einheit auf. [...] Somit errichtet unser Denken ein mysteriöses Schicksal oder einen gleichermaßen mysteriösen freien Willen und besteht darauf, dass dies oder das sein muss, aber beide nicht zusammen bestehen können. Es ist ein falscher und unwirklicher Zwist. Ich habe einen Willen, das ist offensichtlich; aber es ist nicht wahr, dass er frei ist im Sinne eines abgesonderten Elements in der Welt, das sich selbst und seine Taten und Früchte bestimmt, als ob er allein existierte oder sich gänzlich selbst bilden könnte, außer als sichtbaren Kamm und Ausformung einer unsichtbaren Welle. [...] Auf der anderen Seite gibt es kein unberechenbares Schicksal, keine blinde, grausame und unausweichliche Notwendigkeit, gegen welche die Flügel der Seele sich vergebens stürzen müssten, als ob sie ein von einem monströsen Vogelfänger eingefangener Vogel in einem schwach beleuchteten und phantastischen Käfig wäre. [...] Doch wie anders wäre es, wenn ich mein Ego davon überzeugen könnte, die Form aufzubrechen, in der es Zuflucht vor seinem göttlichen Verfolger genommen hat, und aufzutauchen! Der große Widerspruch wäre dann aufgehoben und nicht lediglich gemildert. Mein freier Wille würde Gott-Wille werden und das Schicksal seine Maske abnehmen.

Sri Aurobindo

✦ Für mein persönliches Leben und meinen spirituellen Weg ist es unbedeutend, ob alles vorherbestimmt ist – ich aber nichts davon weiß – oder ob sich die Ereignisse in jedem Augenblick neu entfalten.

✦ Die Vorstellung von Belohnung und Strafe, auch im Rahmen des Karma-Gesetzes, beruht auf menschlichen Gerechtigkeitsvorstellungen; die göttlichen kenne ich jedoch nicht. Ich darf immer mit der göttlichen Barmherzigkeit und Gnade rechnen.

✦ Mein freier Wille beschränkt sich im Grunde genommen darauf zu entscheiden, ob ich mich dem göttlichen Willen füge oder nicht.

✦ Ich tue in jedem Augenblick, was gerade zu tun ist, und vertraue dabei auf meine Innere Stimme. Die Ergebnisse meines Handelns liegen allein in göttlicher Hand.

✦ Ich brauche die Konsequenzen meines Handelns nie zu fürchten, sie dienen in jedem Fall dazu, mich auf dem Weg meiner inneren Entwicklung zu leiten.

✧ Rechtfertige ich meine egoischen Handlungen manchmal damit, dass es offenbar göttlicher Wille oder Vorbestimmung war?

✧ Glaube ich manchmal, dass ich für eine Tat bestraft wurde oder in Zukunft bestraft werde?

✧ Vertraue ich wirklich in jeder Situation auf die göttliche Gnade und anerkenne ich, dass sie sich nicht nach menschlichen Gerechtigkeitsvorstellungen richtet?

✧ Nutze ich meinen freien Willen, um immer das zu tun, was gerade zu tun ist?

✧ Traue ich mich, auch unpopuläre Entscheidungen zu treffen, wenn ich spüre, dass meine Innere Stimme es befürwortet?

✧ Fürchte ich mich manchmal vor den Konsequenzen meiner Entscheidungen und Taten?

> **Entwicklungsziel**
>
> Ich setze meinen freien Willen dazu ein, um in jedem Augenblick zu tun, was gerade zu tun ist, ohne eine Tätigkeit einer anderen vorzuziehen.
> Ich entscheide und handle meiner Inneren Stimme folgend und überlasse die Ergebnisse meiner Taten dem göttlichen Willen.

→ Bitte beachte „Tipps zum Umgang mit der Sonnwandeln-Reihe" auf Seite 17

Hauptaufgabe: immer tun, was zu tun ist

Ich mache stets das, was gerade ansteht, was die Umstände in dem Moment erfordern. Daraus erwächst mir die Gewissheit, stets richtig zu handeln, und ich leide nicht länger unter dem Prinzip von Lust und Unlust.

• Ob im Haushalt, im Beruf oder in meiner Freizeit: Wenn ich sehe, dass etwas getan werden sollte (und ich sehe es, alles andere sind faule Ausreden!), dann tue ich es, sofort, ohne Aufschub. Beispiele:

– Der Rasen ist gewachsen. Ich mähe ihn und zwar gründlich, auch unter den Büschen, wo es nur von Hand geht – und ich warte nicht zu in der Hoffnung, dass es bald regnet und ich nicht mähen kann.

– Es ist keine Milch mehr da. Ich gehe einkaufen – und denke nicht: „Trinken wir den Kaffee halt für einmal ohne".

– Das Ablagekistchen ist voll. Ich ordne die Papiere und hefte sie ab – und finde nicht, eine andere Aufgabe sei dringlicher, weil sie mir lieber ist.

– Das Bild hängt schief. Ich gleiche es aus, muss ich auch einen neuen Nagel einschlagen und das alte Loch zukitten – und ich meine nicht, es hänge jetzt schon lange so, ich hätte mich bereits daran gewöhnt.

– Auf dem Teppich entdecke ich einen Fleck. Ich bemühe mich, ihn zu entfernen, auch wenn es anstrengend ist – und stelle nicht einen Blumentopf darauf.

Alle Aufgaben, die sich zur Erledigung anbieten, seien sie banal oder bedeutsam, leicht oder mühselig, beliebt oder verhasst: Ich packe sie sofort an, ohne sie aufzuschieben, ohne zu murren und ohne ausdrückliche Aufforderung.

Dabei achte ich besonders darauf, augenblicklich damit zu beginnen, ohne zweimal darüber nachzudenken, sonst kommt schnell Unlust auf, der ich gerne nachgebe. Nehme ich diese trotzdem wahr, setze ich mich über sie hinweg.

• Muss ich eine Entscheidung treffen, horche ich in mich hinein und versuche, nach meinem Gewissen zu entscheiden, ohne Angst aufkommen zu lassen vor allfälligen Folgen, ohne Hoffnungen zu nähren auf gewünschte Ergebnisse. Ich handle, wie ich es für richtig halte, und lasse dann los – in der Überzeugung, dass es so kommt, wie es für alle Beteiligten gut und richtig ist. Und wie es auch kommt, ich nehme es gleichmütig an, ohne Bedauern, Reue, Selbstvorwürfe oder Freudensprünge.

Erkenntnisaufgabe: Die Ergebnisse vergangener Entscheidungen betrachten
Ich rufe mir meine wichtigsten Entscheidungen der letzten Jahre (oder Jahrzehnte) in Erinnerung und trage sie und ihre Konsequenzen in die Tabelle auf der nächsten Doppelseite ein.

Ich lasse die Ergebnisse auf mich wirken und
• überlege mir, ob ich anders hätte entscheiden können, falls es nicht so gekommen ist, wie ich mir gewünscht hatte;
• empfinde Dankbarkeit, falls die Ergebnisse völlig unerwartet positiv ausgefallen sind;
• erkenne, wann ich in etwas getrieben wurde zur Erfüllung eines höheren Plans;
• und suche weitere Einsichten.

Alles ohne Selbstvorwürfe, Bedauern, Wehmut, nur staunend und ehrfürchtig und immer im Bewusstsein, dass es gut war, wie es auch gekommen ist.

Getroffene Entscheidung	Erwünschte oder erwartete Folgen
Beispiel Obwohl ich mich in einen anderen Mann verliebt habe, habe ich mich entschlossen, bei meinem Mann zu bleiben.	Traurigkeit, Niedergeschlagenheit; aber auch ein gutes Gefühl, weil ich wegen der Kinder auf etwas verzichtet habe.
....	....
....	....
....	....
....	....
....	....
....	....
....	....
....	....
....	....
....	....
....	....
....	....
....	....
....	....

Tatsächlich eingetretene unmittelbare Folgen	Eventuelle sekundäre Folgen
Es fällt mir zuerst schwer, nicht mehr an den anderen zu denken. Aber nach einigen Monaten erwacht eine starke Liebe zu meinem Mann, ich bin wieder sehr glücklich mit ihm!	Es sind jetzt 6 Jahre vergangen und unsere Beziehung ist reifer und stärker geworden. Ich glaube nicht, dass ich meinen Mann je verlassen werde.
....	....
....	....
....	....
....	....
....	....
....	....
....	....
....	....
....	....
....	....
....	....
....	....
....	....
....	....

AFFIRMATIONEN

→ Bitte beachte die detaillierte Anleitung auf Seite 202

ICH TUE IN JEDEM AUGENBLICK, WAS GERADE ZU TUN IST.

ICH NEHME DEN GÖTTLICHEN WILLEN DANKBAR AN.

ICH LASSE ALLES LOS, ÜBERGEBE ES DEM GÖTTLICHEN, ES LEITET MICH.

WAS AUF MICH ZUKOMMT, IST GUT FÜR MICH UND BRINGT MICH WEITER.

ICH VERTRAUE IN DIE GÖTTLICHE WEISHEIT, SIE FÜHRT MICH.

ICH VERTRAUE IN DIE GÖTTLICHE LIEBE UND GNADE.

ALLES IST MÖGLICH, WENN DER GÖTTLICHE WILLE ES BESTIMMT.

ICH TREFFE ENTSCHEIDUNGEN MIT FREUDE UND VERTRAUEN.

ICH BIN OFFEN FÜR DIE INNERE STIMME UND HÖRE AUF SIE.

ICH FINDE ALLE ANTWORTEN IN MIR SELBST.

ICH BIN NUR MIR SELBST GEGENÜBER VERANTWORTLICH.

ALLES IN MIR UND UM MICH WIRKT ZU MEINEM BESTEN, ES WIRD KOMMEN.

ICH TUE, WAS ZU TUN IST, UND ÜBERLASSE DAS ERGEBNIS DEM GÖTTLICHEN.

- Ich stehe auf einem schmalen, steinigen Weg, es ist stockdunkel um mich, aber ich fühle mich sicher und geborgen, spüre die Ruhe um mich und in mir.

→ Bitte beachte die detaillierte Anleitung auf Seite 203

- Ich habe diesen Weg zu gehen, aber ich sehe überhaupt nichts, doch ich vertraue in die göttliche Führung. Da fällt ein Lichtstrahl auf den Weg unmittelbar vor mir, nur gerade auf den nächsten halben Meter, alles andere vor, hinter, neben mir bleibt im Dunkeln. Vertrauensvoll mache ich einen ersten Schritt auf die beleuchtete Stelle.
- Da wandert der Lichtstrahl einen halben Meter weiter und beleuchtet wieder nur gerade meinen nächsten Schritt, und wiederum mache ich diesen Schritt voller Vertrauen. So geht es immer weiter, immer sehe ich nur gerade den nächsten Schritt erleuchtet, doch das genügt mir, ich fühle mich sicher, geführt vom göttlichen Licht.
- So gehe ich eine ganze Weile, so lange ich mag... und ich fühle mich wohl und geborgen, genieße den Frieden und die Zuversicht in mir.
- Beginnt die Erfahrung zu verblassen, so atme ich tief in den Bauch, öffne die Augen, verharre noch eine Weile regungslos, schaue um mich, spüre meinen Körper und bewege mich langsam.

→ Bitte beachte
die detaillierte
Anleitung
auf Seite 206

Haupt-Blüten

Seelenzustand	Nr.
Ich weiß, was ich will, und will jeweils meinen Willen stur durchsetzen.	32
Ich vertraue meinen Entscheidungen nicht.	5
Ich lasse mich von anderen beeinflussen.	33
Ich bin mit meinem momentanen Leben nicht zufrieden.	36
Ich hege Groll gegen das Schicksal und/oder mache andere für meine Situation verantwortlich und/oder bin verbittert.	38

Gewählte Blüten:

☐ ☐ ☐ ☐ ☐

Zusatz-Blüten

Seelenzustand	Nr.
Ich mache mir oft Sorgen um Menschen, die mir nahestehen.	25
Ich habe unbestimmte Ängste, böse Vorahnungen.	2
Ich bin unausgeglichen, habe Stimmungsschwankungen und/oder bin unschlüssig bei meinen Entscheidungen.	28
Ich bin im Allgemeinen eher pessimistisch und/oder gebe schnell auf.	12

Gewählte Blüten:

☐ ☐ ☐ ☐

EMPFOHLENER HEILSTEIN: KARNEOL

→ Bitte beachte
die detaillierte
Anleitung auf
Seite 209

Wirkung

Der Karneol ist ein Stein der Tatkraft und Entschlossenheit. Er fördert die Fähigkeit, anstehende Arbeiten anzupacken und zu Ende zu führen, auch indem er hilft, in der Gegenwart zu leben, mit beiden Füssen auf dem Boden. Er stärkt ferner den Mut und die Lebensfreude.

Anwendung

Den Stein über längere Zeit auf der Haut tragen, beispielsweise als Anhänger an einer Kette.

Reinigen und Aufladen

Einmal pro Monat unter fließendem warmem Wasser reinigen; der Karneol kann unbegrenzt lange zum Aufladen an die Sonne gelegt werden.

Rückschau und Vorschau

Nachdem du eine Weile – in der Regel mehrere Wochen – in deinem All-
tag zum Thema dieses Kapitels an dir gearbeitet hast, blickst du kurz
zurück und schaust, wo du stehst. Kreuze bei den untenstehenden Aus-
sagen an, was auf dich zutrifft. Sei ehrlich zu dir selbst, ohne falsche
Bescheidenheit und ohne Selbstvorwürfe oder Entmutigung – es ist nur
eine Bestandesaufnahme, ohne Wertung, um zu erkennen, in welchem
Bereich du dich noch bemühen kannst... damit du wirst, was du bereits
bist.

Lernziele dieses Kapitels Erreicht:	Ja	Nein
Ich lasse mich vermehrt darauf ein, immer zu tun, was gerade getan werden muss, ohne Unlust oder Hinausschieben. Oder: Es gibt nicht mehr viele Tätigkeiten, die ich ungerne tue und zu vermeiden suche. Oder: Bestimmte Aufgaben, die ich früher gehasst habe, erledige ich jetzt mit Gleichmut.	☐	☐
Es gelingt mir mehr und mehr, auf den göttlichen Plan und die göttliche Vorsehung zu vertrauen, ich bin optimistischer geworden.	☐	☐
Ich habe mich bei Entscheidungen bemüht, auf meine Innere Stimme zu hören, und sie furchtlos zu treffen. Oder: Ich lasse mich weniger von anderen Menschen beeinflussen und vertraue mehr mir selbst.	☐	☐
Es fällt mir nicht mehr schwer anzunehmen, dass alles möglich ist, wenn der göttliche Wille es so bestimmt – egal, wie ich entscheide oder mich verhalte.	☐	☐
Ich mache andere Menschen nicht mehr oft für meine Situation oder Befindlichkeit verantwortlich.	☐	☐
Ich mache mir kaum mehr Vorwürfe, wenn ich meine, „falsch" entschieden oder gehandelt zu haben.	☐	☐
Es gelingt mir oft, zu handeln und dann loszulassen, ohne mir bestimmte Ergebnisse zu wünschen.	☐	☐

Mein weiterer Entwicklungsschritt

Notiere jetzt eine Einsicht/Herausforderung/Aufgabe, an der du arbeiten willst – aber nur eine!
Dann prägst du sie dir gut ein, bittest das Göttliche, dich dabei zu führen und dein Bemühen zu fördern, und lässt sie los. Du kannst jetzt mit dem nächsten Kapitel und dessen Aufgaben weiterfahren.

Den Entwicklungsschritt, den du hier aufgeschrieben hast, darfst du von Zeit zu Zeit nachlesen, gewissermaßen zur Erinnerung, aber beschäftige dich gedanklich nicht mehr damit. Den Impuls hast du nämlich gesetzt – überlass es dem Göttlichen, ihn so umzusetzen, wie es für dich gut ist.

....

....

....

....

....

....

....

....

....

....

....

....

....

....

....

Unser Wollen ist wie ein Tropfen, der in den Ozean fällt: Nachdem er ein harmloses Kräuseln bewirkt hat, löst er sich darin auf – ohne den Ozean zu verändern.
Bringen wir die machtlosen Wellen unseres Wollens doch lieber in Einklang mit dem Ozean des göttlichen Willens.

5. Wille und Wollen

Themen dieses Kapitels
• Göttlicher Wille und menschliches Wollen • Last und Mühsal unseres alltäglichen Kampfes • Vertrauen in die göttliche Vorsehung • Die Kraft des Wollens • Ist es richtig, für etwas zu kämpfen? • Spirituell vorankommen wollen • Wie können wir im Einklang mit dem göttlichen Willen handeln? • Dein Wille geschehe • Die Früchte des Handelns • Über die Ausrede, nach Gottes Willen zu handeln

Entwicklungsziel
Ich versuche, in jedem Augenblick den göttlichen Willen in mir zu spüren und entsprechend zu handeln; mein egoisches Wollen lasse ich mehr und mehr los.
Ich lerne, alles, was auf mich zukommt, auch Unangenehmes, mit Dankbarkeit oder zumindest mit Gleichmut anzunehmen, im Bewusstsein, dass es dem göttlichen Willen entspricht und gut für mich ist.

Das Wollen als Triebfeder

Wie ist doch unser Alltag davon geprägt, dass wir ständig etwas wollen! Wir wollen dieses und jenes besitzen, wir wollen materielle Sicherheit, wir wollen eine erfüllende Lebensaufgabe, wir wollen unsere Lieben beschützen, wir wollen geachtet werden, wir wollen glücklich sein...

Manchmal artet unser Wollen sogar in einen Kampf aus. Wir kämpfen um den Arbeitsplatz, für die Beziehung und die Familie, für politische und soziale Ziele, eine Ideologie. Ferner kämpfen wir gegen alles, was wir nicht wollen – gegen Probleme, Krankheiten, Not, Ungerechtigkeit...

Tatsächlich wird der Wille für eine positive Eigenschaft gehalten, was sich in Redewendungen widerspiegelt wie „Des Menschen Wille ist sein Himmelreich" und „Wo ein Wille ist, ist auch ein Weg". In Anlehnung an die bekannte Aussage von Descartes „Ich denke, also bin ich" hört man zuweilen „Ich will, also bin ich". Der Wille scheint das menschliche Dasein wesentlich zu bestimmen, und selbstverständlich ist keine Handlung, keine Leistung ohne einen anfänglichen Willensimpuls denkbar.

Allerdings resultieren auch alle Probleme auf dieser Welt, im Kleinen wie im Großen, schlussendlich nur daraus, dass zwei oder mehr Menschen oder Gruppen nicht das Gleiche wollen und deshalb in Konflikt geraten. Denn lediglich verschiedene Überzeugungen und Wertvorstellungen verursachen an sich keinen Zwist – solange man Nichtgleichgesinnten ihre Meinung lässt und sie nicht zur eigenen bekehren will.

Göttlicher Wille, menschliches Wollen und Willenskraft

Spirituell unterscheide ich zwischen dem göttlichen *Willen*, dem egoischen *Wollen* und der *Willenskraft*.

Der göttliche Wille ist der Impuls, der den göttlichen Plan bewegt und die Evolution des Bewusstseins, des Menschen, des Universums lenkt. Es ist ein allumfassender, zielgerichteter Wille, den wir im Einzelnen nicht mit Sicherheit kennen und mit unserem menschlichen Verstand auch nicht begreifen können.

Was ich als Wollen bezeichne, gehört zu unserem Ego, es ist die treibende Kraft unserer Wünsche und Begehren.

→ Wünsche und Begehren sind ein Thema von Band IV

Unter der Willenskraft verstehe ich die positive Energie, die uns antreibt, insbesondere mit der unsere Seele uns zum Göttlichen drängt, beispielsweise im Bemühen, hinderliche Eigenschaften loszuwerden, oder bei der Disziplin, regelmäßig zu meditieren.

Die Übereinstimmung von Wille und Wollen

Eine unserer Aufgaben in der Schule des Lebens ist es, unser Wollen mit dem göttlichen Willen in Einklang zu bringen. Das sagt sich leicht, aber es ist eine der schwierigsten Anforderungen an unsere spirituelle Entwicklung: Denn zum einen müssen wir den göttlichen Willen erst einmal erkennen, und ihn zum anderen dann akzeptieren und uns ihm ergeben.

Es gibt keine allgemeingültigen Regeln, um in jeder Situation zu unterscheiden, was göttlicher Wille ist und wo unser Wollen spielt. Wir können nur in aller Ehrlichkeit versuchen, auf unsere Innere Stimme zu hören und der List unseres Ego zu entkommen.

→ Kapitel 6

Den göttlichen Willen zu akzeptieren und entsprechend zu handeln, ist nicht minder schwierig. Außer den Zweifeln, ob wir wirklich nach unserer Seele handeln, stehen uns noch unsere Wünsche und unsere Ängste im Weg. Und immer wieder auch die missverstandene Forderung nach Selbstbestimmung und Selbstverwirklichung. Diese sollen wir zwar gegenüber unseren Mitmenschen wahren und verteidigen. Doch nicht gegenüber dem Göttlichen.

Die Annahme, wir könnten durch unser Wollen etwas bewegen, wenn es dem göttlichen Willen zuwiderläuft, ist eine unserer liebsten Illusionen. Obschon unsere Lebenserfahrung es uns doch laufend bestätigt: Wir besitzen nicht die Macht, ein bestimmtes Ergebnis zu erzielen. Es wird uns gegeben und es wird uns genommen, unabhängig von unserem Wollen oder Nichtwollen.

→ Vergleiche auch Kapitel 4, „Freier Wille und Vorbestimmung"

Die Erkenntnis, dass wir nicht den kleinen Finger bewegen können, wenn der göttliche Wille es nicht zulässt, und dass wir keinerlei Einfluss auf die Ergebnisse von Handlungen haben, müssen wir uns immer und immer wieder deutlich vor Augen führen. Es bleibt uns, genau betrachtet, gar keine andere Wahl, als uns dem göttlichen Willen zu fügen. Uns dagegen aufzulehnen, zu kämpfen und mit dem Schicksal zu hadern, bringt uns nur Unzufriedenheit, Missmut und Verbitterung.

Dein Wille geschehe!

Die Bürde und Mühsal des Alltagskampfs lässt sich vermeiden, wenn wir in jedem Augenblick ehrlich bezeugen: Dein Wille geschehe. Und dabei bereit sind anzunehmen, was auch immer auf uns zukommt. Nur diese völlige Hingabe an den göttlichen Willen kann uns echten inneren Frieden und die Leichtigkeit des Seins schenken. Wir werden dann sogar den äußeren „Kampf" nicht mehr als solchen empfinden, sondern mit der Kraft des Gleichmuts handeln.

Drei sind die wesentlichen Voraussetzungen für diese bedingungslose Hingabe an den göttlichen Willen: das Vertrauen, dass uns nichts geschehen kann, was nicht gut für uns ist (*gut* im Sinne unseres spirituellen Wachstums); die Überzeugung, dass wir nichts erlangen können, was nicht für uns bestimmt ist, mit noch so viel Wollen und Anstrengung; und die Erkenntnis, dass es keine Fehler gibt, sondern nur Erfahrungen.

→ Das Thema Urvertrauen behandle ich umfassend in Band II

Hindernisse und Schwierigkeiten bei der Durchführung unserer Pläne

Manchmal treten bei geplanten Vorhaben Schwierigkeiten auf: Sollen wir dann aufgeben oder uns für unsere Ziele einsetzen und kämpfen? Was ist göttlicher Wille, was das Wollen unseres Ego?

Es ist eine Gratwanderung zu erkennen, ob ein Hindernis in unserem Weg steht, damit wir es überwinden und dadurch erstarken, oder ob es uns in den Weg gelegt wird, um uns umzuleiten, weil wir uns gerade in die falsche Richtung bewegen. Hier kann ich einen einzigen Rat geben: auf die Innere Stimme hören, das Ego mit seinem Wollen, seinen → Kapitel 6 Wünschen und Ängsten auszuschalten versuchen, einen Schritt zurücktreten und sozusagen von außen genau hinschauen, spüren, was unsere Aufgabe ist, was im Moment getan werden muss oder was wir lassen sollen. Und dann mutig handeln.

*   *   *

Handeln im Einklang mit dem göttlichen Willen – obwohl wir diesen nicht kennen

Es ist wirklich *die* Frage, wie wir uns dem göttlichen Willen unterordnen sollen, wo wir ihn doch gar nicht mit Sicherheit kennen – außer wir glauben bedingungslos und überzeugt einer der Religionen (oder der Kirchen) und befolgen blind deren Gebote und Verbote als vermeintlichen Ausdruck des göttlichen Willens. Doch selbst dann gibt es unzählige Fälle, über welche die heiligen Schriften nichts aussagen oder verschiedene Interpretationen erlauben.

Es ist in jedem Fall besser, uns selbst zu vertrauen, unserer Seele, die uns lenkt. In jedem Augenblick verhalten wir uns so, wie wir es gerade spüren, unter größtmöglichem Ausschluss des Ego.

Zum Teil helfen uns auch symbolische Zeichen, „schicksalhafte" Begegnungen und Ereignisse oder eine äußere als unausweichlich empfundene Lenkung dabei, den göttlichen Willen richtig zu deuten. Aber aufgepasst: Nicht alles, was

→ Versuchungen
und Selbstkon-
trolle behandle
ich in Band II

„von außen" kommt, ist gut. Denn es gibt auch Versuchungen, denen es zu widerstehen gilt – besser gesagt: Prüfungen, die es zu bestehen gilt. Wir sollen nur das annehmen,
was wir, horchen wir *ehrlich* in uns hinein, wirklich als göttlichen Willen erkennen.

Oft sind wir unsicher, was wirklich das Richtige ist. Dann
gehen wir nach dem Prinzip von „trial and error" vor (Versuch und Irrtum). Wir handeln – und im Nachhinein erkennen wir an den Ergebnissen oder am weiteren Verlauf, ob
unser Handeln tatsächlich von unserer Seele bestimmt war
oder ob wir unserem Ego gehorchten. Bei dieser Vorge-
hensweise ist es entscheidend, die Angst vor den Konsequenzen gänzlich abzulegen. Dies gelingt uns, wenn wir,
erstens, daran glauben, dass uns nichts geschehen kann,
was uns nicht als wertvolle Lektion in der Lebensschule
bestimmt ist, weil wir daraus Erkenntnisse ziehen müssen;
und zweitens, indem wir auf die göttliche Liebe und Barmherzigkeit vertrauen, die uns nie mehr aufbürdet, als wir zu
tragen vermögen.

Unter anderem kann uns bei einer Entscheidungsfindung
die Überlegung helfen, ob eine Handlungsweise unsere innere Entwicklung fördert oder nicht. Da der göttliche Plan
die Evolution des Bewusstseins zum Ziel hat, muss jeder
Fortschritt in diese Richtung zwangsläufig im Einklang mit
dem göttlichen Willen stehen.

* * *

**Im Alltag brauchen wir Willenskraft – nicht zu verwech-
seln mit egoischem Wollen – und Loslassen zugleich**
Wir benötigen unsere Willenskraft auf dem Weg zum Göttlichen, um unsere egoischen Verhaltensweisen loszuwerden.
→ Vergleiche
Seite 152
Wir könnten es auch als eine gewisse Selbstdisziplin bezeichnen – diese ist unerlässlich, wie bei allen unseren Zielen. Dabei dürfen wir aber nicht hart, verbissen, unnachgiebig fordernd zu uns selbst sein und uns gnadenlos verur-
teilen, wenn diese starke Willenskraft uns zeitweilig fehlt.
→ Informationen
zu meinem Buch
„Ich liebe mich
selbst" Seite 218
Wir lieben uns jederzeit mit all unseren „Fehlern" und trotz
unserer Unvollkommenheit – die Selbstliebe ist ein wichtiges Element auf unserem spirituellen Weg.

Im allgemeinen Sprachgebrauch wird in der Regel nicht unterschieden zwischen seelischer Willenskraft und ego-ischem Wollen – beide werden als (starker) Wille bezeichnet und meistens als positive Eigenschaft betrachtet. Tatsäch-lich weist auch das Wollen durchaus einen positiven Aspekt auf. Denn es braucht für jede unserer alltäglichen Handlun-gen einen Willensimpuls – ohne ihn wären wir nicht einmal in der Lage, morgens aufzustehen. Trägheit, treiben lassen und tatenloser Fatalismus sind bestimmt nicht der richtige Weg; besser ist auf jeden Fall das Handeln, selbst wenn es dem Ego entspringt. Denn dadurch haben wir die Chance, neue Erkenntnisse zu gewinnen und voranzukommen.

Was wir vermeiden sollen, ist, mit diesem Willensimpuls Ziele zu verbinden, wie wir es normalerweise tun: Wir han-deln für gewöhnlich, *um* etwas Bestimmtes zu erreichen. Wir müssen uns hingegen bewusst sein, dass die Früchte unseres Handelns ausschließlich durch den göttlichen Wil-len reifen. Deshalb ist es auch wichtig, wenn unerwünschte Folgen eintreten, keine Schuldzuweisungen zu machen, we-der an uns selbst noch an andere, und keine Ausreden he-ranzuziehen. Daraus zu lernen – nur das ist unsere Aufgabe im Handeln. Mit anderen Worten: Wir können und sollen uns zwar bemühen, die Erwartungen an ein Ergebnis dann aber loslassen und bereit sein, *jedes* Ergebnis, genehm oder nicht, gleichmütig willkommen zu heißen.

Denn, wie gesagt, es steht nichts wirklich in unserer Macht. Das Göttliche lenkt die Geschicke der Schöpfung nach seinem eigenen Plan, auch gegen unser Wollen, und die aus unseren Taten entstehenden Ergebnisse erfolgen nicht einer menschlichen Logik und einem menschlichen Verständnis von Gerechtigkeit gemäß. Weshalb sich durch-aus auch sogenannte Wunder oder ein scheinbar unerklär-lich grausames Schicksal ergeben können.

→ Vergleiche Seite 88

Der „heilige" Mann und der Sünder
Eine indische Geschichte

Gott schickte den heiligen Narada zur Erde, um fromme Menschen aufzusuchen. Als erstes begegnete er einem alten Asketen; dieser erzählte ihm, nicht ohne Bitterkeit, er habe jahrzehntelang die strengsten Praktiken und die härteste Selbstdisziplin ausgeübt, die Gottesverwirklichung jedoch nicht erlangt. Als Narada ihm eröffnete, er sei ein Bote Gottes, bat ihn der Asket: „Wenn du Gott wieder siehst, frag ihn, warum er mich trotz meines frommen Lebens bis jetzt nicht erhört hat." Narada versprach es ihm und ging weiter.

Er rastete an einem Ort, wo ein junger Mann versuchte, einen Zaun zu bauen; er war stockbetrunken und fluchte, weil es ihm nicht gelang, die Pfähle in die Erdlöcher zu rammen. Narada bot ihm seine Hilfe an, aber der Betrunkene erwiderte, er werde nur die persönliche Hilfe Gottes annehmen, seines Freundes, der Verstecken mit ihm spiele und sich davor drücke, ihm bei der Arbeit zu helfen. Narada war empört über diese Gotteslästerung und gab sich zu erkennen. Da forderte der junge Mann ihn auf, Gott zu fragen, warum er ihn bisher nicht besucht habe, obwohl er doch schon so lange auf ihn warte.

Nachdem Narada zu Gott zurückgekehrt war, erzählte er ihm, was er mit dem Asketen und dem Betrunkenen erlebt hatte. Gott, der die beiden natürlich kannte, äußerte sich liebevoll über den jungen Mann und bekräftigte seine Weigerung, sich dem Asketen zu zeigen. Narada wunderte sich sehr darüber.

Um ihm zu beweisen, wer von den beiden der wahre Suchende sei, schickte Gott Narada nochmals auf die Erde und trug ihm auf, beiden folgende Botschaft zu überbringen: „Gott ist momentan damit beschäftigt, Millionen von Elefanten durch Nadelöhren zu zwängen. Aber wenn er damit fertig ist, wird er dich besuchen."

Illustration:
Jakob Aerne

Narada überbrachte die Nachricht zuerst dem Asketen. Dieser erzürnte sehr und schrie: „So ein Blödsinn, Elefanten durch Nadelöhren zwängen! Ihr macht euch nur über mich lustig und er wird nie zu mir kommen – oder vielleicht gibt es gar keinen Gott und ich habe mein Leben mit Buße und Enthaltsamkeit verschwendet!"

Er warf alles hin und machte sich auf, die versäumten Genüsse des Lebens nachzuholen.

Narada war schockiert und beeilte sich, den jungen Mann aufzusuchen und ihn mit der gleichen Botschaft zu konfrontieren. Als dieser Gottes seltsame Aussage hörte, machte er Luftsprünge vor Freude und rief: „Gott hat mich erhört, er wird zu mir kommen! Was hat es schon zu bedeuten, dass er Millionen von Elefanten durch Nadelöhren zwängt: Mit seiner Allmacht kann er das in einer Sekunde tun! Und wenn es auch eine Ewigkeit dauert, sein Versprechen genügt mir: Er wird zu mir kommen, irgendwann!"

Müssen wir, um spirituell voranzukommen, nicht unsere volle Willenskraft einsetzen und auch konsequent und mit allen Mitteln gegen unser Ego kämpfen?

→ Das Thema Selbstdisziplin behandle ich explizit in Band II

Ohne eine gesunde Portion Willenskraft und Selbstdisziplin geht es meistens nicht. Doch selbst auf dem spirituellen Weg ist es nicht die reine Willenskraft, die uns voranbringt. Es ist eine Illusion zu glauben, nur mit Willenskraft eine schlechte Eigenschaft loswerden zu können. Denn das bedeutete zu kämpfen – und Druck erzeugt Gegendruck. Diese Erfahrung haben wir alle schon gemacht: Je mehr wir gegen etwas ankämpfen, uns also auch gedanklich damit beschäftigen, desto mehr Kraft bekommt es und desto aussichtsloser wird unser Kampf.

Am erfolgreichsten sind wir, wenn wir

• erstens, die ehrliche Absicht haben, die schlechte Eigenschaft loszuwerden, und ihr tapfer widerstehen, jedoch ohne verbissenes Wollen, ohne Kampf, nur mit dem steten, gleichmütigen Bemühen. Unter *ehrlicher Absicht* verstehe ich größte Entschlossenheit: Daran mangelt es uns manchmal, weil wir in unserem Ego mit einer Eigenschaft gar nicht so unglücklich sind und ganz gerne mit ihr leben.

• Und wir uns, zweitens, bewusst sind, dass das Ergebnis nicht dem Ausmaß unserer Willenskraft zuzuschreiben ist, sondern allein dem göttlichen Willen, der Gnade. Deshalb besteht auch kein Grund für Frustration, wenn es uns nicht augenblicklich oder sogar lange nicht gelingt. Vielleicht ist der richtige Moment, diese Eigenschaft abzulegen, einfach noch nicht gekommen... Ebenso wenig ist das Gelingen ein Grund für Hochmut.

Doch bitte missversteh mich nicht: Einfach schlittern lassen, ist nicht das Richtige! Ruhiges, kontinuierliches Bemühen, um nicht mehr in einer bestimmten Weise zu handeln, ist gut. Noch besser ist, die schlechte Eigenschaft durch die entsprechende gute zu ersetzen: Wenn du beispielsweise faul bist, lädst du dir bewusst gewisse Verpflichtungen auf und hältst dich dann natürlich daran – mit Freude!

* * *

Es geschieht viel Schreckliches auf der Welt, weil jemand sagt, er handle nach dem Willen Gottes...

Diese Ausrede wird seit Jahrtausenden bemüht. Wahrscheinlich glauben manche dieser „Berufenen" wirklich daran, dass sie als ein Werkzeug Gottes morden und andere Gräuel begehen. Darum können wir diesen zugestehen, in dem Sinne ehrlich zu handeln, als sie ihre Rechtfertigung aus Fehlinterpretationen heiliger Schriften beziehen und in ihrer Verblendung wirklich meinen, einer guten Sache zu dienen.

Die Frage, warum das Göttliche dies zulässt, brauchen wir uns nicht zu stellen: Wir kennen den göttlichen Plan nicht.

So hässlich diese Taten im Namen Gottes sind, wir dürfen aber nicht übersehen, dass sie einen winzigen Bruchteil alles Schrecklichens ausmachen: Das meiste Unrecht und Leid auf dieser Welt wird zugefügt, weil Menschen nach dem Wollen ihres Ego handeln.

*   *   *

Müssten wir aus der Aussage, dass wir nichts bewirken können, was dem göttlichen Willen entgegensteht, nicht schließen, dass wir überhaupt keinen freien Willen haben?

→ Seite 145

Unser freier Wille, besser gesagt die Wirkung unseres Wollens und Handelns *auf andere Wesen* ist stark eingeschränkt, weil das Göttliche nicht zulässt, dass wir tiefgreifend in ein fremdes Schicksal pfuschen.

→ Vergleiche nächste Frage

Für uns selbst hingegen können wir unmittelbar wir sehr wohl etwas bewegen. Es ist nicht so, dass das Göttliche unseren freien Willen nicht gelten lässt, vielmehr erlaubt es uns, uns gegen seinen Willen zu stellen. Auf unendlich lange Zeit hinaus betrachtet, werden wir jedoch auch gegen unser Wollen wieder auf den Pfad seines Willens zurückgeführt.

→ Vergleiche Seite 115

Unser Wollen in Form von Gedanken und Wünschen entfaltet eine starke Energie und kann etwas bewirken, besonders wenn es emotional und intensiv ist. Aber ob das, was wir dank unserem Wollen bekommen, gut für uns ist (*gut* im spirituellen Sinn), wissen wir nicht. Deshalb sind Wünsche und Bittgebete so gefährlich, denn Energie verschwindet nicht einfach spurlos (physikalisches Gesetz der Energieerhaltung): Etwas bewirkt sie immer, irgendwann – und nur zu oft sind wir mit dem Ergebnis gar nicht glücklich. Etwa weil es nicht genau dem entspricht, was wir uns in unserer menschlichen Begrenztheit vorgestellt hatten. Oder wir bekommen das Ersehnte zu einem Zeitpunkt, in dem wir es schon nicht mehr wollen, weil wir zu einer anderen Einsicht gelangt sind. Oder wir freuen uns zwar darüber, erleben aber später, dass die Konsequenzen zu einer schmerzlichen Lektion führen – die wir gar nicht haben wollten.

Das Göttliche bewahre uns also vor der Erfüllung unserer Wünsche! Unser Gebet sollte nicht lauten: „Bitte gib mir das und das", sondern: „Bitte gib mir, was gut für mich ist, was ich brauche, nicht was ich möchte".

Noch ein Gedanke in diesem Zusammenhang. Zuweilen meinen wir, im Einklang mit dem göttlichen Willen zu stehen, wenn unsere Wünsche sich erfüllen. Dieser Schluss darf jedoch nicht daraus gezogen werden, denn manchmal gibt das Göttliche einfach dem Quengeln seiner Kinder nach – um sie eine Lektion zu lehren.

* * *

Wieso müssen wir uns überhaupt die Mühe machen, Entscheidungen zu fällen oder zu kämpfen, wenn das Ergebnis ohnehin nicht von uns, sondern allein vom göttlichen Willen abhängt?
Weil das Leben unsere Schule ist. Wenn der Lehrer seinen Schülern eine Rechenaufgabe stellt, so tut er das nicht, um das Ergebnis zu erfahren, sondern um den Schülern etwas beizubringen. Sollten sie sich weigern zu rechnen und argumentieren, das Ergebnis stehe ohnehin schon fest und der Lehrer kenne es doch bereits?

→ Das richtige Handeln ist eines der Hauptthemen meines Buches „Karma Yoga", siehe Informationen auf Seite 218

In diesem Sinne besagt eine der zentralen Lehren der Bhagavadgita, dass die Tat unser ist, nicht aber die Früchte. Wir sollen handeln, das liegt in unserer Natur, jedoch nicht um der Ergebnisse willen: Wir sollen tun, was zu tun ist, nach bestem Wissen und Gewissen, und es dem Göttlichen überlassen, was es daraus entstehen lässt. Wenn wir uns also ehrlich bemüht haben, die richtige Entscheidung zu treffen und aufrecht zu handeln, und es kommt nach unserer Beurteilung für uns oder andere „schlecht" heraus, so dürfen wir uns damit trösten, dass offenbar der göttliche Wille etwas anderes bestimmt hatte.

Es müsste doch für uns Menschen auch eine große Erleichterung sein, dass nicht die ganze Last der Verantwortung auf uns liegt! In der Bhagavadgita – Gott spricht zum Krieger Arjuna – steht: „Auch ohne dich werden all diese Krieger [...] nicht mehr sein. [...] Durch mich und keinen anderen sind sie bereits erschlagen, werde du nur zum Vollstrecker. Töte die, die schon von mir getötet sind [...]" Mit anderen Worten bedeutet das: „Was ich vorgesehen habe, kann keiner ändern. Du kannst niemanden töten, den ich nicht tot haben will, und du kannst niemanden retten, den ich nicht gerettet haben will; du bist nur mein Werkzeug". Ist das nicht eine wunderbare Aussage gegen unsere Schuldgefühle und Selbstvorwürfe?

→ Bhagavadgita XI, 32f. Vergleiche Seite 27

Das Thema der Taten und der Verantwortung ist äußerst komplex und ich erörtere es immer wieder, unter anderem ausführlicher in Band II. Um Missverständnissen vorzubeugen, greife ich an dieser Stelle nochmals die Erklärung von Seite 94 auf. Selbstverständlich tragen wir die Verantwortung für unsere Taten! Wir können nicht willentlich jemanden töten mit der Rechtfertigung: „Ich habe nur gehandelt, wie ich es für richtig hielt. Gott wollte offenbar den Tod dieses Menschen, sonst hätte er ihn ja gerettet." Wir sind immer für unser Handeln verantwortlich und übernehmen die Konsequenzen, die das Göttliche für uns bestimmt.

→ Vergleiche auch Seite 118

Obwohl *wir nicht die Macht besitzen*, in das Schicksal eines anderen einzugreifen, *haben wir den freien Willen*, es zu versuchen – und dafür lasten die Konsequenzen immer auf uns selbst. Für unser Beispiel des Tötens eines Menschen bedeutet das: Der göttliche Wille hat für diesen Menschen wohl den Tod vorgesehen, doch die Rolle des Werkzeugs müssen wir nicht böswillig übernehmen. Das Göttliche kann sich ebenso gut einer Krankheit oder Naturkatastrophe bedienen.

→ Vergleiche auch „Sinnbildlich" auf Seite 120

*   *   *

Wenn wir für etwas kämpfen, uns sei es für unser Wollen, fühlen wir uns voller Energie und stark. Das kann doch eigentlich nur positiv sein?!

Ein Vulkanausbruch entsteht auch aus einer Menge freigesetzter Energie – ist er deswegen a priori positiv in seinen Wirkungen? Oder ein Orkan, ein Erdbeben? Nicht einmal die lebensnotwendigen Sonnenstrahlen haben ausschließlich bekömmliche Eigenschaften!

Energie ist an sich wertfrei – es kommt darauf an, wozu wir sie einsetzen. Unser Ego hat eine Menge Energie: Wir können sie für unser spirituelles Wachstum, für unsere Persönlichkeitsentwicklung verwenden oder zur Befriedigung unserer Triebe, Wünsche und Begehren. In beiden Fällen fühlen wir uns dabei stark.

Sind wir nicht manchmal voller Begeisterung für ein Unterfangen, das sich später als Seifenblase oder Luftschloss erweist? Das untrügliche Zeichen eines egoischen Kampfes ist, wenn wir uns ausgelaugt und erschöpft fühlen, falls wir das gewünschte Ziel nicht erreicht haben. Beim Handeln im Einklang mit dem göttlichen Willen hingegen, spüren wir vielleicht berechtigte Müdigkeit nach einer Anstrengung, aber die Energie, die uns während des Kampfes getragen hat, verlässt uns nicht und wirkt weiter als innere Zufriedenheit und Kraft in der Ruhe – egal wie das Ergebnis unseres Bemühens ausgefallen ist.

Jesus fiel auf sein Angesicht, betete und sagte: „Mein Vater, wenn es möglich ist, soll dieser Kelch an mir vorübergehen. Doch es geschehe nicht, wie ich will, sondern wie du willst!"
Matthäus-Evangelium 26,39

Pilatus sagte zu Jesus: „Du redest nicht mit mir? Weißt du nicht, dass ich die Macht habe, dich freizulassen, und die Macht , dich kreuzigen zu lassen?" Jesus antwortete ihm: „Nein, Macht über mich hast du nicht, außer sie ist dir gegeben von oben."
Johannes-Evangelium 19,10-11

O Gott, lass mich auf dich vertrauen und auf dich bauen und mit deiner Entscheidung zufrieden sein und mich deinem Befehl fügen, sodass ich nicht zu fördern versuche, was du zurückhalten willst, und nicht zurückzuhalten versuche, was du fördern willst.
Ali ibn Abi Talib

Wir müssen verstehen, dass es zwei Aspekte von Willen gibt, die auf alle Dinge im Leben wirken. Der eine ist der individuelle Wille, der andere der göttliche Wille. Ignoriert ein Mensch den göttlichen Willen, wird der menschliche Wille versagen und er wird auf Schwierigkeiten treffen, denn er schwimmt gegen den Strom. Wirkt er hingegen im Einklang, in Harmonie mit dem göttlichen Willen, geht alles leicht.
Hazrat Inayat Khan

Der göttliche Wille ist nicht eine fremde Macht oder Wesenheit. Er ist uns vertraut und wir sind selbst ein Teil davon: Denn es ist unser eigenes höchstes Selbst, das ihn besitzt und unterstützt. Aber es ist nicht unser bewusster mentaler Wille; oft genug lehnt der göttliche Wille ab, was unser bewusster Wille befürwortet, und befürwortet, was unser bewusster Wille ablehnt. [...] Wenn wir unseren bewussten Willen aufgeben und zulassen, dass er eins wird mit dem Willen des Ewigen, dann, und nur dann, erlangen wir die wahre Freiheit; indem wir dann in der göttlichen Freiheit leben, klammern wir uns nicht länger an diesen unfreien sogenannten „freien Willen", eine Marionetten-Freiheit, unwissend, illusorisch, relativ und gebunden an die Irrtümer seiner eigenen unzulänglichen Triebe und Verstandesmuster.
Sri Aurobindo

✧ Ich unterscheide zwischen dem göttlichen Willen und meinem egoischen Wollen. Ich bin mir bewusst, dass ich gar nichts bewirken oder bestimmen kann, wenn der göttliche Wille es nicht zulässt.

✧ Meine Aufgabe besteht darin, mich dem göttlichen Willen zu ergeben, nach ihm zu handeln und anzunehmen, was auch immer daraus entsteht.

✧ Ich setze meine Energie für das Handeln an sich ein, nicht um bestimmte Ziele zu erreichen.

✧ Ich vertraue darauf, dass mir nichts geschehen kann, was der göttliche Wille nicht für mich bestimmt, und dass ich nichts erlangen kann, was der göttliche Wille nicht für mich bestimmt.

✧ Ich fürchte die Konsequenzen meines Handelns nicht, denn ich weiß, dass es keine „Fehler" gibt, sondern nur Erfahrungen.

✧ Ich übe eine gleichmütige Willenskraft aus, um mich zu verändern und zu entwickeln, doch ohne hart und unnachgiebig mit mir selbst zu sein und ohne Frustration und Entmutigung, wenn es nicht auf Anhieb gelingt.

✧ Setze ich meine Willenskraft dafür ein, etwas Bestimmtes zu erreichen, und meine ich dabei, dass der Erfolg oder der Misserfolg von mir abhängen?

✧ Kann ich mein Wollen vollständig loslassen und mich dem göttlichen Willen ergeben?

✧ In welchen Situationen fällt es mir noch schwer zu akzeptieren, dass ich keine Macht über die Ereignisse besitze?

✧ Habe ich manchmal Angst vor den Konsequenzen meines Handelns?

✧ Verschwende ich meine Energie, um mir egoische Wünsche zu erfüllen oder meinen Kopf gegen den göttlichen Willen durchzusetzen?

Entwicklungsziel

Ich versuche, in jedem Augenblick den göttlichen Willen in mir zu spüren und entsprechend zu handeln; mein egoisches Wollen lasse ich mehr und mehr los.

Ich lerne, alles, was auf mich zukommt, auch Unangenehmes, mit Dankbarkeit oder zumindest mit Gleichmut anzunehmen, im Bewusstsein, dass es dem göttlichen Willen entspricht und gut für mich ist.

→ Bitte beachte „Tipps zum Umgang mit der Sonnwandeln-Reihe" auf Seite 17

Aufgabe A: Den wahren Willen spüren

• Bei meinen Handlungen, denen eine bewusste Entscheidung vorausgehen muss, horche ich vorher in mich hinein und bitte um göttliche Führung. Dann handle ich, auch wenn ich vermeintlich keine konkrete Antwort meiner Seele bekommen habe, mit dem Gedanken: Aus meiner Tat sollen die Früchte entstehen, die dem göttlichen Willen entsprechen.

• Bei meinen unzähligen Handlungen, denen kein Nachdenken vorausgeht, halte ich jeweils einen Moment inne, bringe meine Aufmerksamkeit auf die Stelle in der Mitte meiner Brust, hinter meinem Herzen, und spüre, ob ich es wirklich tun will – *ich* nicht als Ego, sondern *ich* als Seele.

→ Zur Fokussierung der Aufmerksamkeit beachte bitte die Anleitung zur Meditation, Seite 203

Ich tue das nur in den Situationen, in denen keine anderen Menschen involviert sind, denn meine Spontaneität im zwischenmenschlichen Bereich soll nicht darunter leiden. Beispiele:

– Ich sehe auf dem Tisch eine Schale mit Keksen und greife mir gedankenlos einen.

– Ich schalte sofort automatisch das Radio ein, sobald ich nach Hause komme.

– Ich schaue unnötig oft auf die Uhr oder auf das Handy.

Zugleich spontan und überlegt zu sein, mag wie ein Spagat erscheinen, aber mit der Zeit werden wir spüren, wann wir spontan sein sollen und wann Nachdenken angesagt ist.

Aufgabe B: Den göttlichen Willen dankbar annehmen

Gläubige Muslime sagen in jeder Situation „Al-hamdu lillah" (= Lob sei Gott, im Sinn von „Dank sei Gott!"), egal ob sie im Lotto gewonnen haben oder eine Katastrophe geschehen ist. Das nehme ich mir zum Vorbild:

• Ich danke dem Göttlichen für alles, was mir gegeben wird, beispielsweise für das Essen, das vor mir auf dem Tisch steht; für den Spaziergang, den ich mache; für das bereichernde Gespräch, das ich mit jemandem führe; für die Kränkung, die ich gerade eingesteckt habe; für die Erkältung, die mich quält; für die Entlassung von meiner Arbeitsstelle; für den Verlust meiner Brieftasche.

• Ich spreche diesen Dank jedes Mal bewusst in Gedanken aus, mit der Formulierung, die für mich persönlich stimmt (Danke lieber Gott für ..., Danke göttliche Mutter für ..., Ich danke euch höheren Mächten für ..., oder mit anderen Worten) und bemühe mich, diese Dankbarkeit auch wirklich zu fühlen, selbst wenn das „Geschenk" mir Leiden oder Traurigkeit gebracht hat.

• Ich danke im Bewusstsein, dass was mir auch zugefallen ist, dem göttlichen Willen entspricht, einen Sinn hat und gut für mich ist.

AFFIRMATIONEN

→ Bitte beachte
die detaillierte
Anleitung
auf Seite 202

ICH ERGEBE MICH FREUDIG DEM GÖTTLICHEN WILLEN.

ICH WILL NUR EINES: DEN GÖTTLICHEN WILLEN TUN.

ICH LASSE MICH VOM GÖTTLICHEN WILLEN LEITEN.

ICH VERTRAUE AUF DEN GÖTTLICHEN WILLEN, ER FÜHRT MICH.

ICH LASSE JETZT MEIN EGOISCHES WOLLEN LOS.

DAS WOLLEN MEINES EGO VERSCHMILZT MEHR UND MEHR MIT DEM GÖTTLICHEN WILLEN.

ICH AKZEPTIERE, WAS DAS GÖTTLICHE MIR SCHENKT UND MIR NIMMT.

ICH NEHME JEDE SITUATION DANKBAR AN UND MACHE DAS BESTE DARAUS.

DER GÖTTLICHE WILLE WIRD ALLES FÜR MICH WANDELN, WENN DIE ZEIT GEKOMMEN IST.

ICH TUE, WAS ZU TUN IST, UND ÜBERLASSE DAS ERGEBNIS DEM GÖTTLICHEN.

ALLES IST MÖGLICH, WENN DER GÖTTLICHE WILLE ES SO BESTIMMT.

ICH VERTRAUE DARAUF, DASS ICH IMMER DIE RICHTIGE ENTSCHEIDUNG TREFFE.

IMAGINATION

• Ich stehe auf einem Weg, den ich gehen soll, es ist ein Abschnitt meines Lebenswegs. Langsam wandere ich den Weg
entlang, schaue mich um und nehme wahr, was rechts und
links von mir ist. → Bitte beachte die detaillierte Anleitung auf Seite 203
• Ich komme an eine Weggabelung, wo ein Wegweiser für
die eine Richtung steht, aber er ist unbeschrieben. Ich blei-
be vor ihm stehen und schaue ihn an, ruhig und entspannt.
Da erscheint eine Schrift auf ihm (ein Wort, ein Satz usw.),
ich lese sie und entscheide, ob ich dem Weg in dieser Richtung folgen will; sonst wähle ich die andere Richtung, von
der ich nicht weiß, wohin sie führt.
• Ich gehe weiter und lasse mich auf das ein, was auf mich
zukommt (hier der Imagination freien Lauf lassen, ohne zu
denken und zu beeinflussen); ich handle dabei, wie ich es
gerade spüre.
• Vielleicht treffe ich später wieder auf einen unbeschrie-
benen Wegweiser und wieder versuche ich, die Schrift erscheinen zu lassen, um dann zu entscheiden, ob ich der an-
gezeigten oder einer anderen Richtung folgen will.
• Habe ich von meiner Wanderung genug, so lasse ich alle
Ereignisse hinter mir, setze mich auf die nächste Bank, ent-
spanne mich, fühle mich wohl und geborgen, genieße den
Frieden und die Zuversicht in mir.
• Dann atme ich tief in den Bauch, öffne die Augen, verharre noch eine Weile regungslos, schaue um mich, spüre
meinen Körper und bewege mich langsam.

Diese Imagination kannst du auch immer dann machen,
wenn du eine Entscheidung treffen musst, deren mögliche
Alternativen nicht deutlich umrissen sind, oder wenn du an
einem Punkt deines Lebenswegs stehst, an dem du nicht
weiter weißt.

Bei klaren Alternativen empfiehlt sich hingegen das Befragen der Inneren Stimme, das ich auf den Seiten 189-191
beschreibe.

→ Bitte beachte die detaillierte Anleitung auf Seite 206

Haupt-Blüten

Seelenzustand	Nr.
Ich habe kein Vertrauen in meine Entscheidungen, frage oft andere um Rat.	5
Ich bin hart zu mir selbst, setze hohe Maßstäbe an mich selbst, unterwerfe mein Leben Regeln und Normen.	27
Ich nehme für meine Ziele viel in Kauf und/oder will auch andere unbedingt davon überzeugen.	31
Ich will, dass alles in meinem Tempo geht, bin deshalb ungeduldig und/oder leicht reizbar.	18

Gewählte Blüten:

☐ ☐ ☐ ☐

Zusatz-Blüten

Seelenzustand	Nr.
Ich habe keine klaren Ziele in meinem Leben und/oder packe immer wieder erfolglos Neues an.	36
Ich fühle mich hoffnungslos, habe resigniert und/oder warte darauf, dass etwas von außen geschieht.	13
Ich bin immer zwischen verschiedenen Möglichkeiten hin- und hergerissen und/oder habe extreme Stimmungsschwankungen.	28

Gewählte Blüten:

☐ ☐ ☐

Empfohlener Heilstein: Pyrit

→ Bitte beachte
die detaillierte
Anleitung auf
Seite 209

Wirkung

Der Pyrit hilft uns, deutlicher zu erkennen, was wir wirklich wollen und
was nicht. Er zeigt uns auch, ob unsere Motivation für ein bestimmtes
Vorhaben die richtige ist, und hindert uns daran, voreilige Entscheidun-
gen zu treffen.
Er lenkt unsere Willenskraft in die wahre Richtung, lässt uns dabei neue
Hoffnungen und Wege erkennen.

Anwendung

Auf sich tragen oder ein größeres Stück an häufigen Aufenthaltsorten
aufstellen (beispielsweise tagsüber am Arbeitsplatz und nachts neben
dem Bett).

Reinigen und Aufladen

Einmal pro Monat über Nacht in einer trockenen Schale mit Hämatit-
Trommelsteinen entladen; anschließend an der Sonne oder in einer
Bergkristallgruppe aufladen.

Nachdem du eine Weile – in der Regel mehrere Wochen – in deinem All-
tag zum Thema dieses Kapitels an dir gearbeitet hast, blickst du kurz
zurück und schaust, wo du stehst. Kreuze bei den untenstehenden Aus-
sagen an, was auf dich zutrifft. Sei ehrlich zu dir selbst, ohne falsche
Bescheidenheit und ohne Selbstvorwürfe oder Entmutigung – es ist nur
eine Bestandesaufnahme, ohne Wertung, um zu erkennen, in welchem
Bereich du dich noch bemühen kannst... damit du wirst, was du bereits
bist.

Lernziele dieses Kapitels Erreicht:	Ja	Nein
Ich bemühe mich ehrlich darum, mein Wollen loszu-lassen. Oder: Ich bemühe mich, den göttlichen Willen zu spüren, und handle nicht mehr voreilig nach dem Ego.	☐	☐
Ich versuche jetzt in allem, was geschieht, das Gute zu sehen. Oder: Ich vertraue meistens darauf, dass mir nichts geschehen kann, was der göttliche Wille nicht für mich bestimmt hat.	☐	☐
Ich fürchte mich nicht länger, die Verantwortung und die Konsequenzen für mein Handeln zu übernehmen.	☐	☐
Ich habe gelernt, meine Willenskraft einzusetzen, ohne etwas Bestimmtes erreichen zu wollen.	☐	☐
Ich verfalle kaum mehr der Illusion, dass ich durch mein Bemühen gewünschte Ergebnisse erzielen kann.	☐	☐
Ich vertraue meiner Intuition meistens.	☐	☐
Wenn ich nicht genau spüre, wie ich entscheiden soll, bin ich nicht mehr verunsichert und habe keine Mühe, trotzdem eine Entscheidung zu treffen.	☐	☐

Mein weiterer Entwicklungsschritt

Notiere jetzt eine Einsicht/Herausforderung/Aufgabe, an der du arbeiten willst – aber nur eine!
Dann prägst du sie dir gut ein, bittest das Göttliche, dich dabei zu führen und dein Bemühen zu fördern, und lässt sie los. Du kannst jetzt mit dem nächsten Kapitel und dessen Aufgaben weiterfahren.

Den Entwicklungsschritt, den du hier aufgeschrieben hast, darfst du von Zeit zu Zeit nachlesen, gewissermaßen zur Erinnerung, aber beschäftige dich gedanklich nicht mehr damit. Den Impuls hast du nämlich gesetzt – überlass es dem Göttlichen, ihn so umzusetzen, wie es für dich gut ist.

....

....

....

....

....

....

....

....

....

....

....

....

....

....

....

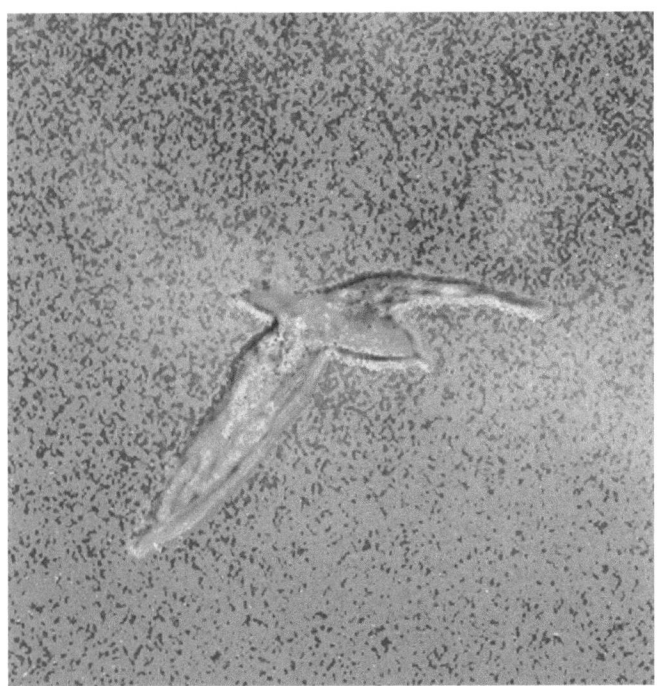

Die Innere Stimme ist der Seelenvogel, der uns die Botschaften der Seele überbringt. Undeutlich erkennbar im Stimmengewirr des Ego, huscht er beinahe lautlos vorbei und löst sich im Nichts auf, wenn wir ihn nicht augenblicklich wahrnehmen.

6. Unsere Innere Stimme

Themen dieses Kapitels
• Die Sprache der Inneren Stimme • Wie wir die Stimme der Seele von den Stimmen des Ego unterscheiden • Die Lenkung durch die Innere Stimme • Träume und Inspiration • Der Inneren Stimme gehorchen, ohne zu zweifeln • Die Angst, „falsche" Entscheidungen zu treffen

Entwicklungsziel
Ich lerne, auf meine Innere Stimme zu hören und ihr zu vertrauen. Dabei vertraue ich mir selbst, ich finde den Mut, spontan zu reden und zu handeln, wie ich es gerade spüre, ohne die ständige Angst, etwas falsch zu machen, und ohne die Konsequenzen zu fürchten.

Die Innere Stimme

Die meisten Menschen haben schon einmal eine Eingebung oder eine Vorahnung erfahren, eine Mitteilung also aus einer unbestimmten Quelle über ein bevorstehendes Ereignis, eine zu treffende Entscheidung, eine Warnung. Auch reagieren wir manchmal spontan, nicht unserer gewohnten Verhaltensweise entsprechend und wundern uns nachher darüber. Oder Worte kommen uns ohne zu denken über die Lippen und wir stellen staunend fest, dass wir keine Ahnung haben, warum wir so etwas gesagt haben. Ferner kennen wir alle die Situationen, wenn wir in etwas getrieben werden und spüren, dass wir keine Wahl haben, es einfach tun müssen, mitunter sogar entgegen jeder Vernunft und Vorsicht. Viele dieser Erscheinungen können wir unserer Inneren Stimme zuschreiben. Sie ist die Stimme der Seele, die uns auf dem Lebensweg leitet. Sie ist es, die uns an Erfahrungen heranführt, unsere Entscheidungen in die Richtung beeinflusst, die gut für uns ist, und uns warnt, wenn wir uns falsch verhalten. In christlichem Sinne stellt sie auch unser Gewissen dar, das uns ermahnt, wenn wir unrecht denken oder handeln.

Die Innere Stimme erkennen ist Übungssache

Wir alle besitzen die Innere Stimme – ebenso wie wir alle eine Seele besitzen – und dieser sechste Sinn ist beim einen Menschen nicht besser ausgebildet als bei einem anderen, wie es auf die Körpersinne (Hören, Sehen usw.) zutrifft. Wenn wir meinen, die Innere Stimme spreche nicht zu uns, so liegt es daran, dass sie sich oft nur sehr leise, nicht klar und deutlich äußert, auch nicht mittels Worten und der uns vertrauten Sprache, sondern vielmehr mit Empfindungen, unbestimmten Wahrnehmungen, inneren Zeichen. Zudem wiederholt sie sich nicht unmittelbar, wenn wir ihr nicht sogleich gehorchen.

Deshalb ist sie einerseits nicht leicht zu vernehmen und andrerseits, selbst wenn wir „etwas" hören oder spüren, nicht so eindeutig von anderen Stimmen in uns (des Verstandes, der Emotionen) zu unterscheiden. Ihre „Sprache" zu verstehen, kann man indes üben, kennt man einmal ihre Eigenheiten. Die Fortschritte sind dabei beachtlich, denn der Lernprozess verläuft nicht linear, sondern exponentiell. Das heißt: Die ersten Schritte sind unsicher, zaghaft, bescheiden und bestehen in einem bewussten Bemühen, aufmerksam und wach zu sein. Je häufiger wir unsere Innere Stimme aber erkennen und ihr gehorchen, desto deutlicher spricht sie. Bis wir uns überhaupt nicht mehr anstrengen müssen und sie zu einem vertrauten ständigen Begleiter wird. Umgekehrt wird sie leiser und leiser, wenn wir sie missachten.

→ „Vertiefende Aspekte" Seiten 173 bis 175 und „Aufgabe zur Selbstveränderung" Seiten 188 bis 191

Die Innere Stimme meldet sich *unaufgefordert*, und zwar immer dann, wenn wir im Begriff sind, das Falsche zu denken, zu sagen oder zu tun. Sie meldet sich nicht, um uns zu bestätigen: „Das machst du richtig, weiter so!" Deshalb gilt: Solange wir nichts hören, gehen wir davon aus, dass unsere Seele billigt, was wir gerade denken, sagen oder tun.

Und die anderen Stimmen?

Leider kommt nicht jede Stimme, die wir vernehmen, aus unserer Seele. Wir hören ebenso die verschiedenen Stimmen des Ego und sogar solche „von außerhalb", seien es gedankliche Energien anderer Menschen oder Schwingungen in unserer Umgebung. So unberechtigt scheinen unsere Zweifel und unsere Zurückhaltung gegenüber einer undefinierbaren Stimme also doch nicht.

Aber haben wir denn eine Wahl? Unser Verstand gibt uns keine Garantie, richtig zu entscheiden und zu handeln, weil er nicht allwissend ist und ihm wichtige Kriterien fehlen, und nicht selten missbrauchen wir ihn, um unsere Wünsche und Begierden, ebenso wie unsere Trägheit und Angst zu rechtfertigen. Das Gleiche gilt für den „Bauch".

→ Die Thematik des Denkens und Fühlens behandle ich ausführlich in Band IV

Somit bleibt uns gar nichts anderes übrig, als den Versuch zu wagen und auf die Stimme, die wir für diejenige der Seele halten, zu hören und ihr zu vertrauen. Je häufiger wir das tun, umso schneller lernen wir, diese wahrhaftige Stimme von anderen, die uns irreführen, zu unterscheiden.

→ Vergleiche Seite 178

Umgekehrt ist es tatsächlich so, dass wenn wir nicht auf sie hören, sie leiser und leiser wird, bis wir sie überhaupt nicht mehr vernehmen können.

Seit nunmehr über zwei Jahrzehnten vertraue ich meiner Inneren Stimme bedingungslos und sie hat mich noch nie getäuscht. In Schwierigkeiten bin ich immer nur dann geraten, wenn ich mich – von meinem Ego getrieben – über sie hinweggesetzt habe.

Die Sprache der Inneren Stimme

Die Stimme der Seele macht sich in vielfältiger Weise bemerkbar – nur nicht in deutlichen Worten. Sie sagt nicht: „Tu dies" oder „Lass das bleiben" oder „Entscheide dich so". Die nachstehenden Beispiele sollen ein Gespür dafür vermitteln, wie sie sich *unaufgefordert* meldet. Das bewusste In-uns-Hineinhorchen erkläre ich bei der Aufgabe zur Selbstveränderung. → Seiten 189-191

• Tun oder sagen wir etwas ganz selbstverständlich, ohne vorher darüber nachgedacht zu haben, kommt es wie von selbst oder von innen, von einem Gefühl der Sicherheit und Zuversicht begleitet, ist es ein Zeichen, dass die Seele die Handlung befürwortet.

• Sind wir dagegen im Begriff etwas zu tun oder eine Entscheidung zu fällen, die unsere Seele nicht gutheißt, meldet sie sich mit einem leichten Unbehagen, einer Art Unwohlsein. Das haben wir alle schon erlebt, doch meistens beachten wir es nicht, zumal es nur kurz auftritt, eine, zwei Sekunden, und gleich wieder verschwindet. Man könnte es auch eine Art Disharmonie nennen, die wir empfinden.

• Ein ungutes Gefühl ist bereits eine deutlichere Form; hierbei sollten wir jedoch prüfen, ob es nicht etwa von Angst begleitet wird, weil es sich dann um die Stimme des Ego handelt. Doch im Zweifelsfall scheint es ratsam, dieses Gefühl ernst zu nehmen – es hat schon viele Menschen vor Unheil bewahrt.

• Auch die Unlust oder Unentschlossenheit, etwas zu tun, kann ein Hinweis der Seele sein, es lieber bleiben zu lassen; das müssen wir allerdings sorgfältig erwägen, indem wir ehrlich zu uns selbst sind und wirklich ausschließen können, dass das Ego mit seiner Trägheit, Faulheit, Nachlässigkeit oder Angst dahinter steckt.

• Manchmal kommuniziert die Innere Stimme mit uns, indem wir etwas einfach wissen. Es ist ein Wissen in uns, eine Klarheit – die der Verstand daraufhin gerne zu hinterfragen beginnt und dann oft mit Argumenten zu widerlegen versucht.

*   *   *

Unterscheidung zwischen der Stimme der Seele und den Stimmen des Ego

In der nachfolgenden Tabelle habe ich die Eigenarten der Stimme der Seele denjenigen der egoischen Stimmen gegenübergestellt.

Stimme der Seele	Stimmen des Ego
Leise, undeutlich, kurze Empfindung, augenblicklich	Laut, deutlich, wiederholt oder wiederkehrend
Innere Ruhe, Gelassenheit	Kreisende Gedanken, Aufgewühltheit
In der Regel nicht mit Worten (außer manchmal ein klares Ja oder Nein oder einzelnes Wort), keine Begründungen und Erklärungen	Durch den Verstand „rationale" Argumentation in Form von Gedanken; auch Begründung für oder gegen bereits getroffene Entscheidungen
Nicht von Emotionen begleitet (unmittelbar nachher können diese jedoch aufkommen)	Begleitet von Emotionen wie Leidenschaft, Sehnsucht, Ärger, Lust, Verliebtheit, Eifersucht, überbordende Freude
Keine unmittelbare Angst oder Zweifel (nachher beim Nachdenken können diese aber aufkommen)	Eventuell geprägt von Angst, Sorge oder Bedenken
Kann sich als starken Antrieb äußern, „lässt keine Wahl", jedoch immer begleitet von innerer Ruhe; es fühlt sich gut und richtig an	Kann den Eindruck von Getriebensein vermitteln, von „keine Wahl haben", jedoch begleitet von Unruhe und eventuell von der Empfindung, fremdbestimmt zu sein

Die Seele meldet sich stets sofort, schnell und kurz; unmittelbar danach können dann aus dem Ego Gedanken oder Emotionen aufkommen. Diese dürfen nicht mit der Inneren Stimme verwechselt werden. Man kann sagen: Nur die erste „Botschaft" stammt aus der Seele, alles Folgende aus dem Ego.

Die Innere Stimme nehmen wir jeweils dann nicht wahr, wenn wir von intensiven Gefühlen überflutet werden, uns in einem emotionalen Ausnahmezustand befinden oder auch bei extrem starken Körperempfindungen wie Schmerz.

Durch unsere Wachsamkeit und das wiederholte Vertrauen in die Innere Stimme entwickelt sich in uns eine Art Warnsystem, vergleichbar mit der roten Warnleuchte im Auto: Etwas in uns „flackert" auf, wir spüren es, empfinden es tatsächlich als eine Warnung, wenn wir im Begriff sind etwas zu tun, was nicht dem Willen unserer Seele (= göttlicher Wille) entspricht. Das Ego reagiert jeweils sehr schnell und äußerst listig und liefert augenblicklich überzeugende Argumente, warum wir das Warnsignal überhören sollen. Doch wir haben auch dann noch die Möglichkeit, dem Ego nein zu sagen – allzu oft nutzen wir sie leider nicht.

*   *   *

Der Inneren Stimme gehorchen, ohne zu Zweifeln

Das größte Hindernis sind unsere Zweifel. Wir werden dazu erzogen und sind es gewohnt, nur auf den Verstand zu bauen (vielleicht hie und da noch auf unseren „Bauch"), so-dass wir Mühe haben, vagen Empfindungen zu vertrauen. → Vergleiche Seite 178 Wir haben Angst, „falsche" Entscheidungen zu treffen oder unrecht zu handeln – sei es aus moralischen Bedenken, sei es, weil wir die Konsequenzen fürchten. Diese Ängste sind grundlos, wie du aus früheren Kapiteln erkannt hast, weil

• wir unser Schicksal ohnehin nicht in der Hand haben,
• alles stets so kommt, wie es gut für uns ist,
• wir uns nicht um die Ergebnisse unseres Handelns sorgen sollen.

Und eines ist sicher: Die Innere Stimme leitet uns nie in die Irre, sie ist unser einziger zuverlässiger Ratgeber.

Sokrates, der große griechische Philosoph, vertraute ihr bedingungslos. In Platons „Apologie des Sokrates" aus dem frühen 4. Jahrhundert vor Christus findet sich der älteste deutliche Bericht über die Innere Stimme, der mir begegnet ist. Ich gebe ihn nachfolgend mit eigenen Worten in zeitgemäßer Sprache wieder.

Sokrates war angeklagt, auf die Jugend einen verderblichen Einfluss zu haben und die Götter zu missachten. Obwohl ihm die Todesstrafe drohte, teilte er dem Gericht mit, er wolle sich nicht verteidigen. Er begründete es damit, dass seine Innere Stimme, der er bedingungslos vertraute, sich nicht meldete, um ihn von seinem Entschluss abzubringen:

„Seit meiner Kindheit habe ich erfahren, dass eine Stimme sich dann hören lässt, wenn sie mir von etwas abraten will; zugeredet hat sie mir noch nie. Das passierte mir sehr häufig, wenn ich im Begriff war, etwas unrichtig zu tun, sogar bei unbedeutenden Kleinigkeiten. Doch jetzt, da es um mein Todesurteil geht, meldet sie sich nicht. Weder als ich heute Morgen aus dem Haus ging, noch beim Betreten des Gerichts hat mich dieses Zeichen Gottes daran hindern wollen. Und zu allem, was ich bisher in dieser Verhandlung gesagt habe, hat sie ebenfalls geschwiegen, obwohl sie mich sonst manchmal mitten in einer Rede innehalten ließ. Das kann nur bedeuten, dass was auf mich zukommt, etwas Gutes ist, auch wenn die meisten im Tod ein Übel sehen. Unmöglich hätte mich die Stimme so gewähren lassen, wenn ich nicht im Begriff wäre, das Richtige zu tun."

Sokrates vertraute auch in diesem Fall seiner Inneren Stimme und nahm das Todesurteil widerspruchslos an.

Die Stimme
Eine Sufi-Geschichte von Rumi

→ Diese Geschichte wird in ähnlicher Weise auch im Judentum erzählt, und Paulo Coelho hat sie als Grundlage für seinen Roman „Der Alchemist" verwendet.

Ein Mann lebte in einer zerfallenen Hütte am Stadtrand von Bagdad, denn er hatte sein geerbtes Vermögen in kurzer Zeit durchgebracht und war nun arm und bedürftig. Er bat Gott, ihm nochmals eine Chance zu geben. Eines Nachts forderte ihn eine Stimme auf, in eine bestimmte Stadt Ägyptens zu reisen, damit er einen Schatz fände.

Nach einer beschwerlichen, langen Reise kam er zerlumpt und entkräftet dort an, seit Tagen hatte er nichts mehr gegessen. Es blieb ihm nichts anderes übrig als zu betteln, doch er beschloss, die Nacht abzuwarten, weil er sich sehr schämte. Wie er in der Dunkelheit durch die Straßen zog, wurde er von einem Wächter aufgegriffen, der ihn für einen Dieb hielt.

Der arme Mann flehte ihn an, ihn nicht zu verhaften, und erzählte ihm, was ihn in diese fremde Stadt geführt hatte.

Der Wächter lachte ihn aus: „Gut, du bist kein Dieb, ich lasse dich ziehen. Aber dumm bist du! Wie kannst du an solche Stimmen glauben? Mir ist einmal etwas Ähnliches geschehen: Eine Stimme befahl mir im Traum, nach Bagdad zu reisen, wo ich viel Gold finden würde, in einem zerfallenen Haus am westlichen Stadtrand. Sie beschrieb mir alles ganz genau: Das Haus sei von einer Dornenhecke umzäunt, an der grünen Türe fehlten zwei Bretter und im Inneren befinde sich links vom Eingang eine Feuerstelle, die durch fünf Steinblöcke vom übrigen Raum abgegrenzt sei. Unter dem mittleren Block sollte ich graben, da befinde sich das Gold. Natürlich habe ich das nicht getan, ich glaube doch solchen Stimmen nicht!"

Der Mann aus Bagdad erkannte in der Beschreibung sofort die armselige Hütte, in der er gelebt hatte. Er machte sich auf den Weg zurück in seine Heimat. Zu Hause angekommen, grub er an der angegebenen Stelle und fand tatsächlich eine Kiste voller Gold.

Er dankte der Stimme, die ihn von Bagdad nach Ägypten geschickt hatte!

*Ist die Innere Stimme auch das, was man „Bauchgefühl"
nennt?*

Unter „Bauchgefühl" verstehen die Menschen teilweise tatsächlich etwas wie die Innere Stimme. Oft schreiben sie es
aber nicht einer höheren Quelle zu, also nicht der eigenen
Seele, dem Göttlichen oder höheren Mächten. Vielmehr
meinen sie, dieses Bauchgefühl stamme aus dem Unbewussten und versorge sie mit Wissen aus verdrängten oder
vergessenen Inhalten. Spirituell betrachtet entspricht diese
Art Bauchgefühl nicht der Stimme des *Höheren*, sondern
der Stimme des *Niederen*: Sie stammt dann nämlich aus
dem Sammelsurium all dessen, was unbewusst, also unver-
arbeitet, unbereinigt und ungeklärt in uns schlummert, aus
einem Teil des Ego.

Viele verstehen unter dem „Bauch" hingegen die Ergänzung und/oder den Gegenspieler zum „Kopf". Wenn sie davon sprechen, man müsse auf seinen Bauch hören, wollen
sie damit sagen, man soll die Gefühle einbeziehen und nicht
lediglich aus dem Verstand entscheiden. In unserer von der
Ratio geprägten Kultur betrachtete man gefühlsmäßige
Wahrnehmungen lange als untergeordnet; sie wurden oft
der Frau zugeschrieben und galten als unmännlich. Dass
aber beispielsweise Kaufentscheide selbst in Millionenhöhe
auch von Männern vielfach emotional gefällt und durch rationale Argumente lediglich begründet und legitimiert werden, haben Untersuchungen immer wieder gezeigt. Mit der
Anerkennung der emotionalen Intelligenz begann man in
den 90er Jahren diese andere Seite des Menschen stärker
zu gewichten. Aus spiritueller Sicht ist aber auch diese Art
Bauchgefühl nur ein Bestandteil des Ego.

→ Die Bestand-
teile des Ego (u.a.
Unbewusstes und
Emotionales)
erläutere ich
detailliert in
Band IV

*   *   *

*Es ist aber doch nicht nur die Innere Stimme, die uns auf
unserem Lebensweg leitet, sondern auch die äußeren Umstände, das sogenannte Schicksal...*

Alles hängt mit allem zusammen. Die Seele ist ein Teil des
Göttlichen, ebenso wie das Schicksal. Dieses wirkt von au-

ßen, indem es uns das gibt, was unsere Entwicklung fördert, und uns nimmt, was sie hemmt, während die Seele uns von innen steuert.

Zu steuern versucht. Denn unser Ego mit seinem freien Willen hat stets die Möglichkeit, sich dagegen aufzulehnen und einen anderen Weg einzuschlagen, obwohl die Seele, die den göttlichen Plan für uns kennt und befolgen will, uns auf diesem Kurs halten möchte.

Wir können also sagen: Pfuschte das Ego nicht dazwischen, liefe das Zusammenspiel zwischen göttlichem Plan und Streben der Seele reibungslos und kontinuierlich. Wir würden an die für uns wichtigen Erfahrungen herangeführt und uns ihnen stellen, Erkenntnisse daraus gewinnen und uns Schritt für Schritt dem Göttlichen nähern, ohne Umwege und Verzögerungen.

Dann würde dieses Spiel des Göttlichen (Sanskrit: Lila), das wir Universum und Leben nennen, uns nur Freude bereiten und nicht länger ein mühseliges, leidvolles Dasein darstellen.

→ Lila: siehe Glossar Seite 213; vergleiche auch den Aspekt von Maya, Seiten 21 und 88

*　*　*

Wie viel Macht hat die Innere Stimme beziehungsweise die Seele? Kann sie uns beispielsweise in eine schwierige Situation treiben, um uns etwas zu lehren, oder damit wir auf andere Wesen einwirken?

Wie in der vorangehenden Antwort erläutert, ist es das Zusammenspiel zwischen äußeren Einflüssen und Seele, das uns lenkt. Was genau zu welchem Zeitpunkt wirkt, wissen wir manchmal nicht: Treibt die Seele uns in etwas, weil es uns weiterbringt, oder wird es uns vom Schicksal auferlegt und die Seele assimiliert nur die Erkenntnisse daraus? Im Ergebnis spielt es jedoch keine Rolle: Alles, was uns geschieht, dient dazu, uns zu lehren, unabhängig davon, woher es kommt, wodurch es verursacht wurde.

→ Vergleiche Seiten 115 und 154

Wir dienen dem Göttlichen ja auch als Werkzeug für unsere Mitmenschen, und umgekehrt. In diesem Sinne kann es sehr wohl vorkommen, dass unsere Innere Stimme uns dazu ermuntert, uns in einer bestimmten Weise zu verhalten, um jemandem eine Erfahrung zu ermöglichen. Ich will in diesem Zusammenhang aber nochmals daran erinnern, dass wir niemandem etwas antun können, was das Göttliche nicht billigt – und niemand uns.

→ Vergleiche
Seite 155

Wichtig scheint mir noch zu erwähnen, dass die Seele *niemals* gegen den göttlichen Willen Einfluss auf den Lebensweg anderer zu nehmen versucht, also nicht wider den göttlichen Plan eingreifen will – versuchen wir, andere zu manipulieren oder unserem Wollen zu unterwerfen, ist es immer das Werk des Ego.

* * *

Wie ist es zu verstehen, dass sich die Innere Stimme „nicht wiederholt, wenn wir ihr nicht sogleich gehorchen"?

→ Seite170

Je nach unserem spirituellen Entwicklungsstand steht die Seele in höherem oder geringerem Ausmaß im Vordergrund (gegenüber dem Ego) und beeinflusst unser Handeln entsprechend. Hat die Seele einmal die Herrschaft vollständig übernommen, handeln wir nur noch richtig, wir wissen stets, was tun, ohne darüber nachzudenken oder verschiedene Möglichkeiten zu erwägen. Wir werden jederzeit von der Seele geleitet, *nur* von der Seele, das Ego ist überwunden oder, mit anderen Worten, in Höheres verwandelt.

Bevor wir diese Stufe erreicht haben, versucht die Seele uns zu lenken mit den Mitteln, die auf Seite 173 unter „Vertiefende Aspekte" aufgeführt sind. Je stärker die Seele bereits im Vordergrund steht – je mehr wir schon Seele und weniger Ego sind –, desto deutlicher hören wir ihre Signale und desto geringer ist die Gefahr, dass wir sie missverstehen oder missachten.

Sind wir hingegen im Ego verhaftet, besonders durch Ängste und Wünsche oder Emotionen, so ist es für die Seele schwer durchzudringen: Ihre Zeichen sind nur schwach und leise, weil sie von den lauteren und drängenderen des Ego übertönt werden. Sobald wir uns diesen zuwenden, vernehmen wir die Innere Stimme nicht mehr. Deshalb habe ich geschrieben, dass sie sich nicht wiederholt – präziser müsste die Aussage lauten: Sie ist für uns nicht mehr hörbar. Das bezieht sich auf jeweils eine Situation oder Entscheidung; bei einer nächsten Gelegenheit versucht sie na-

türlich wieder, uns zu erreichen und zum Guten zu leiten,
und wir bekommen eine neue Chance, ihr zu folgen.

*   *   *

Werden uns wahrsagende oder belehrende Träume auch
von der Inneren Stimme, das heißt von der Seele, geschickt?
Abgesehen von den psychologischen Deutungen, gibt es
verschiedene Theorien über die Herkunft und den Wahr-
heitsgehalt der Träume. Vermutlich stammen nicht alle
Träume aus der gleichen Quelle, sodass sich die verschiedenen Ansichten nicht widersprechen, sondern ergänzen.

Bestimmt ist ein Ursprungsort das Unbewusste, woraus
Inhalte aufsteigen, sobald unser Wachbewusstsein herab-
gesetzt ist; es ist somit durchaus möglich, dass die daraus
entstehenden Träume uns mit Wissen versorgen, das uns
im Wachzustand nicht zugänglich ist, weil vergessen oder
verdrängt, und uns bei der Lösung eines Problems hilft. Es
können aber auch völlig unnütze Inhalte daraus aufsteigen,
denen wir keine Bedeutung beimessen sollten.

In der Esoterik geht man auch davon aus, dass die Seele
auf Wanderschaft geht, während der Körper schläft, in andere Welten, andere Dimensionen oder wohin auch immer.
Was uns dann in den Träumen begegnet, könnten Erfahrungen aus jenen Welten sein, vielleicht auch Zukünftiges,
über das wir Kenntnisse erlangen.

Die Mitteilungen der Seele durch die Innere Stimme erfolgen demgegenüber in unserem Wachzustand: während wir
denken, fühlen, entscheiden, handeln – wenn wir also aktiv
sind.

*   *   *

Ist es nicht verständlich, dass man sich bei wichtigen Ent-
scheidungen nicht auf eine vage Innere Stimme verlässt,
sondern lieber auf Analysen und rationale Überlegungen?
Es ist durchaus nachvollziehbar. Wir werden in unserer Gesellschaft ja dazu erzogen, rational zu handeln: zu denken,
bevor wir reden oder etwas tun, Alternativen zu prüfen und
die Folgen abzuwägen, Kosten und Nutzen einander gegen-

überzustellen... Die Naturwissenschaften erkennen dem Gehirn diese Fähigkeiten zu; parapsychologische oder spirituelle Phänomene werden hingegen oft nicht ernst genommen, belächelt und als Humbug abgetan. Dabei führt man immer das Argument ins Feld, dass sich solche Phänomene in wissenschaftlichen Studien nicht beweisen lassen: In einem künstlich angelegten Experiment funktionieren sie nicht mit der Häufigkeit, die für eine signifikante Aussage erforderlich wäre. Darüber können spirituelle Menschen wiederum nur lächeln: Das Göttliche lässt sich nicht so leicht in die Karten schauen und die Wissenschaft besitzt nicht die geeigneten Messinstrumente...

Um auf die Frage konkreter zurückzukommen: Wenn wir nach menschlichen Kriterien entscheiden wollen, hilft der Verstand vielleicht. Doch ich verweise auf die Tatsache, dass wir keine Macht über das Schicksal haben: Wir können so rational entscheiden, wie wir wollen, es kommt trotzdem so heraus, wie es kommen soll, damit unsere innere Entwicklung und diejenige der anderen Beteiligten gefördert wird. Ganz abgesehen davon, dass der Verstand ein recht begrenztes Entscheidungsinstrument darstellt.

→ Über die Unzulänglichkeit des Verstands schreibe ich in Band IV

Vertrauen wir hingegen auf das Göttliche, auf seine Führung, dann brauchen wir keine Angst zu haben, ob es tatsächlich die Innere Stimme ist, worauf wir hören, und ob wir sie richtig interpretieren. Denn selbst wenn wir sie missverstehen, selbst wenn es in Wirklichkeit die Stimme des Ego ist: Es kann uns nichts passieren, was nicht gut für uns ist. Treffen wir auch eine „falsche" Entscheidung, werden wir vom Göttlichen immer wieder auf den richtigen Weg zurückgeführt. Es gibt keine Fehler, nur Erfahrungen.

→ Vergleiche auch die nächste Frage

*   *   *

Dass wir Angst haben, die „falsche" Entscheidung zu treffen, rührt nicht immer nur daher, dass wir die Konsequenzen fürchten, sondern aus ehrlichen Bedenken, vom spirituellen Weg abzukommen...

Das ist bei Menschen, die bewusst einem spirituellen Weg folgen, eine weit verbreitete Sorge, im Grunde genommen eine ehrenhafte, und doch ist sie unbegründet.

Da wir noch teilweise im Ego leben, haben wir nicht teil am All-Wissen und können deshalb den göttlichen Willen nicht zweifelsfrei erkennen. Entscheidend ist, dass wir nach bestem Wissen und Gewissen handeln: So wie wir es verstehen, so gut wir es können.

Die sogenannte „Sünde" begehen wir erst, wenn wir *willentlich, wider besseres Wissen* in einer Weise handeln, die wir selber für unspirituell halten – weil wir Ängsten oder egoischen Wünschen nachgeben.

Betrachten wir es ganz nüchtern, so scheint es unbegreiflich, dass wir bewusst etwas Unrechtes tun. The Mother sagte einmal: „[...] einen Fehler zu machen, von dem man weiß, dass es ein Fehler ist, das scheint mir abstrus! [...] Ich habe es bisher nicht geschafft, das zu verstehen. Es scheint mir – es scheint mir unmöglich. Falsche Gedanken, falsche Impulse, innere und äußere Unredlichkeit, hässliche, niederträchtige Dinge: So lange man sie aus Unwissenheit tut – Unwissenheit ist da in der Welt –, versteht man das [...] Aber sobald die Erkenntnis vorhanden ist [...] wie kann man es je wieder tun? Das verstehe ich nicht!"

→ Mother: Siehe Glossar Seite 213

Dieses Zitat stammt aus: The Mother, Collected Works, Vol. 8, Seite 294

Ich selbst verstehe es hingegen nur allzu gut! Immer wieder tun wir Dinge, von denen wir genau wissen, dass sie nicht richtig sind. Unser Ego ist eben oft sehr stark, unsere Willenskraft schwach. Das Göttliche weiß aber um die Unzulänglichkeiten der Menschen und verzeiht sie uns. Wir müssen einfach weiterhin üben, nicht aufgeben – und keine Angst davor haben, vom Weg abzukommen.

*   *   *

Ist das, was man bei einem Dichter oder Komponisten Inspiration nennt, auch die Innere Stimme?

Das ist eine interessante Frage. Sri Aurobindo hat ein Essay über die Inspiration in der Dichtung geschrieben, was analog für den Komponisten, Maler, Bildhauer und andere Künstler gilt. Demnach wird die Inspiration aus den höheren Prinzipien des Wissens und der Vision in den Menschen gehaucht. Er nennt es eine Offenbarung.

→ The Complete Works of Sri Aurobindo, Vol. 27: Letters on Poetry and Art

Je nachdem, auf welcher Ebene der Mensch diese Inspiration aufnimmt – auf der intellektuellen oder auf der emotionalen –, verändert sich deren Ausdrucksform in der Kunst. Am höchsten ist diese, wenn der Intellekt mit seiner Phantasie und Intuition sie ausformt. Die aus der emotionalen Ebene aufsteigende Dichtung ist hingegen meistens „ein trüber Strom", in welchem sich die reine Eingebung von oben mit unseren eigenen unruhigen Ideen und Vorstellungen, mit ästhetischen Gewohnheiten und Vorlieben vermischt; wegen der starken Emotionen äußert sie sich dann in einer übertriebenen Ausdrucksweise.

Diesen Gedanken von Sri Aurobindo will ich noch hinzufügen, dass extrem starke Emotionen wie Verliebtheit oder Schmerz ein Tor zu diesen höheren Prinzipien zu öffnen scheinen. Manchmal gelingt uns auch durch eine zutiefst berührende Musik oder Lektüre, ebenso wie durch das Betrachten eines Bildes oder eine Naturerfahrung ein Blick durch den Vorhang zwischen den Dimensionen.

Wir haben nichts anderes zu tun als zu erkennen, dass Gott in unserem Inwendigen gegenwärtig ist, und dass wir ihn jederzeit ansprechen und ihn um seinen Beistand ersuchen können, damit wir bei unseren Zweifeln seinen Willen erkennen und das, von dem wir klar erkennen, dass es sein Wille ist, so verrichten, wie es sich gehört; dass wir ferner alles, bevor wir damit beginnen, ihm übergeben und danach ihm danken, dass wir es um seinetwillen verrichtet haben.

Bruder Lorenz

In Fragen des Gewissens muss jeder handeln, wie es die Zeit und die Umstände erfordern. Bei solchen Dingen kann die Frage immer nur die sein, ob die eine Art, sich zu verhalten, empfehlenswerter ist als die andere; niemals aber wird man das eine als unbedingt geboten und das andere als völlig untersagt betrachten können.

Al Ghazali

Die göttliche Führung kommt oft dann, wenn der Horizont am dunkelsten ist.

Mahatma Gandhi

Wir müssen darauf vertrauen, dass trotz unserer Unwissenheit und Fehler und Schwächen und trotz der Angriffe feindlicher Mächte und trotz scheinbarer Misserfolge der göttliche Wille uns lenkt, durch alle Situationen, zur letzten Verwirklichung.

Sri Aurobindo

Man kann Wissen aus der Seele beziehen – es ist dann in einer anderen Art und nicht wie im Verstand formuliert. Es ist eine Art innerer Gewissheit, welche uns das Richtige im richtigen Augenblick und in der richtigen Weise tun lässt, ohne unbedingt durch das Denken oder eine mentale Vorstellung gebildet zu werden. [...]
Der Verstand schweigt: Er schaut bloß zu und hört zu, um die Dinge zu registrieren, aber er handelt nicht.

The Mother

✧ Die Innere Stimme ist die Stimme unserer Seele, die weiß, was gut für uns ist und uns zum Göttlichen leitet. Sie äußert sich leise und nicht mittels Worten, sondern mit inneren Wahrnehmungen, Empfindungen, klarem Wissen.

✧ Es gibt auch andere Stimmen, die wir vernehmen; sie stammen aus dem Ego oder von außerhalb. Wir müssen lernen, die Stimme unserer Seele von diesen in die Irre führenden Stimmen zu unterscheiden.

✧ Die Innere Stimme meldet sich, um uns von etwas, das wir im Begriff sind zu denken, zu sagen oder zu tun, abzuhalten, wenn es nicht das Richtige ist. Deshalb dürfen wir beim Reden und Handeln spontan sein, ohne vorher alles abzuwägen und uns zurückzuhalten, denn die Innere Stimme bremst uns rechtzeitig, falls wir uns auf einen „falschen" Weg begeben.

✧ Je mehr wir unserer Inneren Stimme vertrauen, desto deutlicher spricht sie zu uns.

✧ Vertraue ich meiner Inneren Stimme nicht, weil ich befürchte, sie nicht richtig zu verstehen?

✧ Habe ich Angst oder zögere ich oft, wenn ich Entscheidungen treffen muss?

✧ Glaube ich, der Verstand oder Emotionen seien verlässlichere Ratgeber?

✧ Halte ich irrtümlicherweise das, was aus dem Unbewussten in mir aufsteigt, für meine Innere Stimme?

✧ Fällt es mir schwer, spontan zu sein?

✧ Lasse ich mich gerne von der List des Ego verführen?

AUFGABE ZUR SELBSTVERÄNDERUNG

Entwicklungsziel

Ich lerne, auf meine Innere Stimme zu hören und ihr zu vertrauen. Dabei vertraue ich mir selbst, ich finde den Mut, spontan zu reden und zu handeln, wie ich es gerade spüre, ohne die ständige Angst, etwas falsch zu machen, und ohne die Konsequenzen zu fürchten.

→ Bitte beachte „Tipps zum Umgang mit der Sonnwandeln-Reihe" auf Seite 17

Aufgabe A: Spontan reden und handeln

Im Alltag spreche und handle ich spontan; das bedeutet:

• Ich schäme mich nicht, meine Emotionen (außer der Wut) auszuleben und zu zeigen, eine Grimasse zu schneiden, auf der Straße zu hüpfen, einzuschlafen wenn ich müde bin, laut zu lachen oder meinen Tränen freien Lauf zu lassen.

• Ich wäge nicht jedes Wort vorher ab, bremse mich nicht, wenn mir etwas auf der Zungenspitze liegt. Selbst eine Kritik, ein Vorwurf, aber auch einen Scherz, ein Lob, eine liebe Anerkennung schlucke ich nicht hinunter, sondern lasse sie frei heraus, ohne Angst, etwas Falsches zu sagen.

• Einen Impuls, etwas zu tun, halte ich nicht zurück, sondern lebe ihn aus. Beispiele: jemanden zurechtweisen, jemanden umarmen/berühren, einen Unbekannten ansprechen, völlig unkonventionell reagieren.

• Die inneren Wahrnehmungen nehme ich ernst, vertraue ihnen und befolge sie. Beispiele:

– Ich habe eine Verabredung getroffen oder etwas versprochen, spüre aber später in mir, dass es für mich nicht mehr stimmt. Ich schaue mit aller Ehrlichkeit in mich hinein, um zu überprüfen, ob diese Empfindung meiner Faulheit oder anderen egoischen Gründen entstammt. Ist dies nicht der Fall, dann sage ich ab oder nehme das Versprechen zurück.

– Meiner Unlust, etwas Bestimmtes zu tun, gehorche ich, nachdem ich wie oben beschrieben überprüft habe und sicher bin, dass nicht mein Ego dahintersteckt.

Geh das Risiko ein, dich spontan zu verhalten, und staune, wie angenehm und einfach es ist, so gelöst und ungehemmt durchs Leben zu gehen – und wie selten Negatives geschieht, wenn du dich traust, einfach du selbst zu sein.

Dabei trainierst du auch die Wahrnehmung deiner Inneren Stimme: Wenn sie dich von etwas abhalten will, was du spontan gerade im Begriff bist zu sagen oder zu tun, wird sie sich so melden, wie auf den Seiten 173 bis 175 beschrieben. Dann hörst du damit augenblicklich auf.

Aufgabe B: Die Innere Stimme befragen
Neben den gewöhnlichen Alltagssituationen, in denen wir einfach spontan sind und nur innehalten, wenn sich die Innere Stimme warnend einschaltet, kennen wir auch solche, in denen wir ganz bewusst Entscheidungen treffen müssen. In diesen Fällen befragen wir unsere Seele, wozu es verschiedene Methoden gibt; hier stelle ich zwei vor, bei denen wir in uns gehen und der Inneren Stimme lauschen.

Bei beiden konzentriere ich mich in meiner Mitte (Stelle in der Mitte der Brust hinter dem Herzen) und werde innerlich still, indem ich meinen Atem beobachte, ohne ihn zu beeinflussen. Ich schaue einfach zu, wie die Luft hereinströmt und wieder hinaus. Kommen Gedanken auf, gehe ich nicht auf sie ein und lasse sie vorbeiziehen. Sobald ich einigermaßen ruhig bin, was in der Regel nur wenige Minuten dauert, gehe ich wie folgt vor:

→ Zur Fokussierung der Aufmerksamkeit beachte bitte die Anleitung zur Meditation, Seite 203

Variante 1. Ich stelle in Gedanken die Frage, auf die ich eine Antwort suche, und beobachte, was in mir geschieht, regungslos, wie unbeteiligt, ohne Anstrengung oder bewusste Hinwendung. Die Antwort kann als augenblickliche, kurze, einfache und unmissverständliche Eingebung aufkommen, es fühlt sich nach sicherem Wissen an. Ob es tatsächlich aus meiner Seele stammt, erkenne ich daran, dass ich dabei ganz ruhig bin, nicht aufgewühlt oder erregt, also frei von Emotionen wie Wut, Eifersucht, Angst, Begeisterung, Leidenschaft, auch von wirr kreisenden Gedanken.

→ Vergleiche Seite 174

Variante 2. Ich hole mir die erste Alternative in meine Gedanken (nur eine knappe, nüchterne Vorstellung, vorzugsweise bildhaft, ohne Wertung und ohne an Konsequenzen zu denken) und nehme wahr, was sie auslöst; ein leichtes, schwach spürbares, meistens sehr kurzes Unbehagen oder unangenehmes Empfinden deutet darauf hin, dass diese Alternative nicht die richtige ist. Danach gehe ich gleich vor mit den anderen Alternativen, einer nach der anderen.

Die zweite Variante kann sowohl als einziges, eigenständiges Vorgehen, aber auch als zweite Möglichkeit angewendet werden, falls wir zuvor durch die Variante 1 keine Antwort gefunden haben.

Beide Methoden funktionieren nicht immer: Entweder wir nehmen überhaupt nichts wahr oder (bei Variante 2) spüren bei allen Alternativen das besagte Unbehagen. Das kann folgende Gründe haben:
• Ich bin noch nicht genügend geübt, meine Innere Stimme zu hören, das heißt, sie ist für meine „inneren Ohren" noch zu leise; und/oder
• meine Gedanken, Zweifel oder Emotionen haben die aufkommende Antwort der Seele im Keim erstickt; und/oder
• es spielt – von einer höheren Warte aus betrachtet – keine Rolle, wie ich mich entscheide, es kommt dann schon so, wie es kommen muss; und/oder
• ich soll lernen, meine Unsicherheit in Bezug auf Entscheidungen abzulegen, spontan entscheiden und darauf vertrauen, dass meine Seele mich ohnehin in jedem Augenblick lenkt (und nicht nur, wenn ich sie bewusst befrage).

Es gibt auch einige *Tricks*, um mit der Seele in Kontakt zu kommen, wenn das innere Stillwerden nicht geholfen hat.
• Du entscheidest dich aus den zur Verfügung stehenden Alternativen für jene, die dem Ego bestimmt am wenigsten passt, beispielsweise weil es viel Mühe mit sich bringt, wenig Erfolg verspricht, den Leidenschaften nicht förderlich ist. Dabei beobachtest du deine innere Reaktion genau: Sträubt sich die Seele dagegen oder spürst du eine innere Ruhe, Zustimmung, Kraft? Falls Letzteres zutrifft, ist diese die zu treffende Entscheidung, egal ob das Ego sich vehement dagegen wehrt.
• Du schreibst jede Alternative auf einen Zettel, faltest sie, mischst sie gut und ziehst mit geschlossenen Augen einen, nachdem du dir selber versprochen hast, die Entscheidung anzuerkennen.
Hast du dann einen Zettel gezogen und weißt, wie der „Zufall" für dich entschieden hat, beobachtest du wachsam, was in dir geschieht: Spürst du dieses leichte, kurze, kaum

merkliche Unbehagen, das dir signalisiert, dass die Seele diese Entscheidung nicht billigt? Oder die Ruhe und Sicherheit?

Aufgrund deiner Selbstbeobachtung ist eine neue Situation entstanden: Du weißt jetzt, was deine Seele will. Daher brauchst du die vorherige Zufallsentscheidung nicht mehr anzuerkennen, sondern wählst diejenige, die deiner Seele genehm ist.

Musst du eine Entscheidung treffen, deren mögliche Alternativen du nur undeutlich erkennst, oder steckst du in einer Lebenslage, aus der du überhaupt keinen Ausweg siehst, empfehle ich dir die Imagination von Seite 163.

Affirmationen

→ Bitte beachte die detaillierte Anleitung auf Seite 202

Ich vertraue auf meine Innere Stimme, immer.

Ich vertraue in die Weisheit, Güte und Kraft in mir.

Ich vertraue meiner inneren Weisheit.

Alles ist in mir, ich will es erkennen.

Ich bin offen für meine Intuition.

Ich treffe Entscheidungen mit Freude und Zuversicht.

Ich wage es, ich selbst zu sein.

Ich handle spontan und freimütig.

Ich sage immer sofort, was ich zu sagen habe.

Ich bin absolut ehrlich zu mir selbst.

Ich finde alle Antworten in mir.

MEDITATION

→ Bitte beachte die detaillierte Anleitung auf Seite 203

• Ich schließe die Augen und werde innerlich still, indem ich mich auf den Atem konzentriere, ohne seinen Rhythmus zu beeinflussen: Ich beobachte einfach, wie ich einatme, wie ich ausatme, und nehme vor allem diesen Augenblick zwischen Einatmen und Ausatmen wahr beziehungsweise zwischen Ausatmen und Einatmen, in welchem der Atem „stillsteht", alles ruht.

Aufkommende Gedanken vertreibe ich nicht gewaltsam, sondern versuche, mich von ihnen abzuwenden und wieder zur Beobachtung meines Atems zurückzukehren. Bei dieser Übung verbleibe ich, bis ich innerlich ruhig bin und die Gedanken einigermaßen schweigen.

• Dann bringe ich mein Bewusstsein an die Stelle zwischen meinen Augenbrauen und verharre dort, während ich ruhig und gleichmäßig atme, ohne mich jedoch bewusst darauf zu konzentrieren. Ich schaue auf die Bilder, die ich vor meinem geistigen Auge sehe und lasse sie auf mich wirken, ohne sie festzuhalten und ohne zu werten, nehme dabei aber Einsichten und Erkenntnisse bewusst in mich auf. Aufkommende fremde Gedanken vertreibe ich nicht gewaltsam, sondern weise sie ruhig und bestimmt aus mir hinaus, und bringe mein Bewusstsein immer wieder in das dritte Auge zurück.

• In dieser Übung verbleibe ich, solange mir wohl dabei ist. Beginnt die Erfahrung zu verblassen, so fühle ich mich wohl und geborgen, genieße den Frieden und die Ruhe in mir. Dann atme ich tief in den Bauch, öffne die Augen, verharre noch eine Weile regungslos, schaue um mich, spüre meinen Körper und bewege mich langsam.

→ Bitte beachte
die detaillierte
Anleitung
auf Seite 206

Haupt-Blüten

Seelenzustand	Nr.
Ich habe kein Vertrauen in meine Intuition und/oder suche oft die Bestätigung meiner Entscheidungen durch andere Menschen.	5
Ich beharre auf meinen mentalen Ansichten.	27
Ich wechsle meine Meinung oft sprunghaft und/oder bin wankelmütig.	28
Bei wichtigen Lebensentscheidungen lasse ich mich beeinflussen oder traue mich nicht, den Schritt zu machen.	33

Gewählte Blüten:

☐ ☐ ☐ ☐

Zusatz-Blüten

Seelenzustand	Nr.
Ich fürchte mich vor unsichtbaren Mächten und/oder okkulten Phänomenen.	2
Ich habe Angst vor meinen inneren Kräften und/oder dass ich sie nicht kontrollieren kann.	6
Mein Denken ist überaktiv und/oder ich grüble, anstatt in mich hineinzuhorchen.	35

Gewählte Blüten:

☐ ☐ ☐

Empfohlener Heilstein: Moldavit

→ Bitte beachte
die detaillierte
Anleitung auf
Seite 209

Wirkung

Moldavite stammen vermutlich von einem Meteoriten, der vor 15 Millionen Jahren einschlug; sie sind entsprechend selten und nicht ganz billig. Doch der Moldavit ist einer der wichtigsten Steine für die Intuition: Er fördert die Wahrnehmung der Inneren Stimme und stärkt allgemein die spirituelle Kraft.

Anwendung

Nur für kurze Zeit auf die Mitte der Brust oder auf die Stirne zwischen die Augenbrauen auflegen.
Die Wirkung ist stärker, wenn der Moldavit vorher in der Hand gewärmt wird.

Reinigen und Aufladen

Einmal im Monat unter fließendem lauwarmem Wasser entladen; an der Sonne wieder aufladen.

Rückschau und Vorschau

Nachdem du eine Weile – in der Regel mehrere Wochen – in deinem All-
tag zum Thema dieses Kapitels an dir gearbeitet hast, blickst du kurz
zurück und schaust, wo du stehst. Kreuze bei den untenstehenden Aus-
sagen an, was auf dich zutrifft. Sei ehrlich zu dir selbst, ohne falsche
Bescheidenheit und ohne Selbstvorwürfe oder Entmutigung – es ist nur
eine Bestandesaufnahme, ohne Wertung, um zu erkennen, in welchem
Bereich du dich noch bemühen kannst... damit du wirst, was du bereits
bist.

Lernziele dieses Kapitels Erreicht:	Ja	Nein
Auch wenn sie sich nur leise äußert, vernehme ich meine Innere Stimme immer deutlicher und habe ihre „Sprache" gelernt. Oder: Es gelingt mir immer besser, die Stimme meiner Seele von den Stimmen des Ego zu unterscheiden.	☐	☐
Ich bin stets wachsam für die Mitteilungen meiner Seele und bemühe mich, ihnen zu folgen.	☐	☐
Ich glaube nicht mehr, der Verstand oder der „Bauch" seien verlässlichere Ratgeber als die Innere Stimme.	☐	☐
Bei Entscheidungen, auch wichtigen, bemühe ich mich, auf meine Innere Stimme zu hören, und sie dann furchtlos zu treffen. Oder: Es fällt mir nicht mehr schwer, Entscheidungen zu treffen, wenn ich meine Innere Stimme befrage und keine Antwort vernehme.	☐	☐
Ich höre in jeder Situation auf meine Innere Stimme, selbst wenn ich nicht ganz sicher bin, sie richtig zu verstehen.	☐	☐
Dem spontanen Reden und Handeln, ohne vorher alles abzuwägen, gebe ich mich meistens in jeder Lage hin.	☐	☐

Mein weiterer Entwicklungsschritt

Notiere jetzt eine Einsicht/Herausforderung/Aufgabe, an der du arbeiten willst – aber nur eine!
Dann prägst du sie dir gut ein, bittest das Göttliche, dich dabei zu führen und dein Bemühen zu fördern, und lässt sie los. Du kannst nun mit dem nächsten Band der Buchreihe und dessen Aufgaben weiterfahren.

Den Entwicklungsschritt, den du hier aufgeschrieben hast, darfst du von Zeit zu Zeit nachlesen, gewissermaßen zur Erinnerung, aber beschäftige dich gedanklich nicht mehr damit. Den Impuls hast du nämlich gesetzt – überlass es dem Göttlichen, ihn so umzusetzen, wie es für dich gut ist.

....

....

....

....

....

....

....

....

....

....

....

....

....

....

....

Ein kurzes Schlusswort

Nun hast du also einen ersten Teil des Sonnwandeln-Weges zurückgelegt, vielleicht hast du wertvolle Einsichten für dich gewinnen und erfolgreich ein paar Schritte weiterwandeln können. Es ging dabei um einige grundlegende Erkenntnisse und Werkzeuge. Natürlich bin ich mir bewusst, dass vieles offen geblieben ist; die anderen Bände der Buchreihe sollten diese Lücken jedoch schließen.

Die Hauptthemen von Band II sind das Urvertrauen, die Ängste, die Verhaltensmuster und unsere Prägung durch Normen und Regeln, ferner die Achtsamkeit und die Selbstdisziplin.

Alles hängt mit allem zusammen, die einzelnen Themen sind wie die Bilder eines Kaleidoskops, bei dem eines in die anderen hineinfließt. Deshalb müsste ich alles gleichzeitig sagen und du alles gleichzeitig lesen...

Weil das ja nicht möglich ist, habe ich versucht, eine sinnvolle Struktur in diese Buchreihe zu bringen und sie in einzelne Bände und Kapitel aufzuteilen. Die Querverweise am Seitenrand sollten dir helfen, die verschiedenen Aspekte jeweils in ihrer Gesamtheit zu überblicken.

Zum Schluss ermuntere ich dich nochmals, mit den Aufgaben zu arbeiten. Nur durch das Lesen eines Buches, oder von tausend Büchern, wird sich in deinem Leben nichts ändern. Wir kommen nur weiter, wenn wir die neu gewonnenen Erkenntnisse im Alltag anwenden und einüben, bis die förderlichen Verhaltensweisen gefestigt sind. Aber immer geduldig und nachgiebig, dir jedes „Versagen" verzeihend. Vergiss nie: Wir sollen uns zwar bemühen – doch der Erfolg hängt nicht von uns ab, sondern allein von der Gnade des Göttlichen.

Anhang

Bei Affirmationen handelt es sich um eine Form der Autosuggestion; damit kannst du hinderliche Muster in deinem Unbewussten durch neue Überzeugungen und Verhaltensweisen ersetzen (das lateinische Wort *affirmatio* bedeutet Beteuerung, Versicherung).

• Wähle von den vorgeschlagenen Affirmationen jeweils eine aus, die dich anspricht. Du darfst den Satz im Wortlaut auch ändern, wenn andere Begriffe dir eher zusagen, oder eigene Affirmationen formulieren. Beachte dabei unbedingt zwei Grundregeln:

– Bilde keine verneinten Sätze (Sätze, in denen *nicht, nie, kein* usw. vorkommen) und auch keine mit Begriffen negativer Bedeutung. Sag also nicht: „Ich habe keine Selbstzweifel mehr" oder „Meine Selbstzweifel verschwinden". Sondern: „Ich bin selbstbewusst und selbstsicher". Negative Begriffe erwecken nämlich eine negative Emotion in dir, und das wirkt kontraproduktiv; Affirmationen sollen stets schöne, beglückende Dinge aussagen.

– Die Affirmation muss den angestrebten Zustand in der Gegenwart und als Tatsache ausdrücken (nicht in der Zukunft oder als Wunsch). Sag also nicht: „Ich werde/möchte mich selbst lieben". Sondern: „Ich liebe mich selbst."

• Wiederhole am Abend unmittelbar vor dem Einschlafen die Affirmation zehn- bis zwanzigmal, am besten halblaut, damit sie auch über den Gehörsinn ins Unbewusste eingeht, langsam und monoton wie eine Litanei. Wenn du magst, fährst du in Gedanken damit fort, bis du einschläfst. Am Morgen, gleich nach dem Aufwachen, tust du das Gleiche.

• Du kannst die Affirmation auch tagsüber überall und jederzeit rezitieren, etwa bei einem Spaziergang, beim Autofahren oder während des Kochens.

• Die gewählte Affirmation behältst du bei, solange du mit den Aufgaben des jeweiligen Kapitels arbeitest. Mit jedem neuen Kapitel und den entsprechenden Aufgaben, wählst du eine dazu passende neue Affirmation.

Imagination

Die Imaginationstechnik wurde von C.G. Jung in die Psychotherapie eingeführt und ist Bestandteil verschiedener, meist tiefenpsychologisch ausgerichteter Therapieformen. Imaginationen, wozu beispielsweise das autogene Training gehört, stellen eine Verbindung zwischen Bewusstsein und Unbewusstem her. Sie können aber auch genutzt werden, um mit der Seele in Kontakt zu kommen.

Indem wir uns Bilder zuerst ganz bewusst vorstellen, eine eigentliche Geschichte mittels unserer Vorstellungskraft beginnen und ihr dann in einer meditativen Ruhe freien Lauf lassen, tauchen mehr und mehr Bilder, Worte, Emotionen auf. Sie können uns helfen, neue Erkenntnisse zu finden, Blockaden zu lösen und angestrebte Selbstveränderungen positiv zu erfahren und zu fördern.

Lies jeweils die Anleitung zur Imagination zuerst ganz durch und präge dir den Grundablauf und die wesentlichen Punkte ein.

Wenn Du mit der Imagination beginnst, setzt du dich bequem hin und schließt die Augen. Du versetzt dich gedanklich, vor allem aber bildhaft, vor deinem geistigen Auge in die Situation der Imagination. Dann folgst du den Bildern, die aus deinem Innern aufsteigen; blocke diese nicht ab, beobachte, erlebe...

Lass dich ruhig vom Ablauf deiner eigenen Geschichte leiten, generell und besonders dann, wenn du dich nicht mehr an alle Einzelheiten erinnerst, die du dir vorher eingeprägt hast.

Beginnen die Bilder zu verblassen oder nehmen fremde Gedanken überhand, kommst du in die Realität und Gegenwart zurück. Lass dir dabei Zeit, spüre mit offenen oder geschlossenen Augen nach. Achte darauf, auch deinen Körper wieder zu empfinden, nimm bewusst deine Beine und Arme wahr, den Kontakt mit der Unterlage, und bewege deine Glieder sanft, bevor du aufstehst.

Du kannst jede Imagination so oft machen, wie du möchtest und spürst, dass sie dir guttut, täglich, wöchentlich, aber auch nur ein- oder zweimal.

Meditation

Im Gegensatz zur Imagination, die mit Bildern und Geschichten arbeitet, geht es bei der klassischen östlichen Meditation darum, innerlich still zu werden, also Gedanken, Gefühle, jede innere Regung loszulassen und so den Weg für die Wahrnehmung der eigenen Seele, für das göttliche Bewusstsein zu öffnen.

Um dieses Ziel zu erreichen, gibt es verschiedene Methoden. Eine davon besteht darin, den Atem zu beobachten. Damit habe ich persönlich die besten Erfahrungen gemacht, weshalb ich sie jeweils vorschlage.

Diese Methode dient auch dazu, uns auf eine Imagination vorzubereiten, oder für eine Kombination von Meditation und Imagination.

In den Kapiteln, in denen sie vorgesehen ist, beschreibe ich sie jeweils nur kurz. Deshalb gebe ich an dieser Stelle ausführlichere Hinweise dazu.

• *Den Atem beobachten.* Es geht darum, uns einzig auf diesen Vorgang zu konzentrieren, damit die Gedanken nicht umherschweifen. Wir können den Atem beobachten, indem wir auf das Heben und Senken des Brustkorbs achten oder darauf, wie die Luft in unsere Nase ein- und ausströmt.

Wenn wir jeweils fertig eingeatmet haben, vergeht ein winziger Augenblick, bevor wir ausatmen. Das Gleiche geschieht, wenn wir fertig ausgeatmet haben, bevor die Luft erneut in unsere Lunge strömt. In diesem Augenblick ruht jeweils der Atem. Darauf konzentrieren wir uns besonders. Wir bekommen dabei das Gefühl, als verlängere sich dieser Augenblick mit jedem Atemzug; es kann so weit kommen, dass wir aufschrecken, weil wir plötzlich denken, wir würden überhaupt nicht mehr atmen. Diese Schrecksekunde verschwindet mit der Übung, und wir gelangen tiefer und tiefer in die Versenkung.

• *Das Bewusstsein in die Mitte der Brust richten.* Gemeint ist die Stelle hinter dem Herzen, in der Mitte der Brust, in der Tiefe, nicht auf der Oberfläche. *Das Bewusstsein richten* – es ist schwierig, dies in Worten zu erklären. Obwohl wir uns, wie gesagt, auf den Atem konzentrieren, fokussieren wir das Bewusstsein, das wir normalerweise eher im Kopf empfinden, in der inneren Mitte der Brust (oder, bei anderen Meditationen, auf den Punkt zwischen den Augenbrauen). Es ist wie ein inneres Hinabsinken, ein Sichfallenlassen.

Besser kann ich es leider nicht erklären, die Sprache ist ein unvollkommenes Mittel, um spirituelle Erfahrungen zu beschreiben. Aber keine Sorge, wenn du es selbst praktizierst, wirst du bald spüren, was ich meine.

• *Gedanken und Empfindungen vorbeiziehen lassen.* Jeder, der schon einmal versucht hat zu meditieren, weiß, wie schnell und hartnäckig wir durch Gedanken davon abgelenkt werden. Die Meister der Meditation lehren verschiedene Techniken, damit umzugehen. Eine besteht darin, die Gedanken als ein *äußeres* Phänomen zu betrachten: Sie gehören nicht zu uns, sondern sind außerhalb von uns. Somit können wir sie, wenn sie auftauchen, kurz anschauen und dann vorbeiziehen lassen, wie Wolken am Himmel, und wieder zur Konzentration auf den Atem zurückkehren.

Empfinden wir die Gedanken hingegen als Teil von uns, also *in uns drinnen*, so weisen wir sie ruhig und bestimmt aus uns hinaus; wir können uns kurz bildlich vorstellen, wie sie aus uns hinausgehen und sich in der Ferne verlieren.

Du wirst bald deine eigene Methode finden, wie du deine Gedanken erfolgreich zur Ruhe bringst.

ANLEITUNG ZUR ANWENDUNG VON BACH-BLÜTEN

Wirkungsweise der Bach-Blüten

Die Bach-Blüten sind Essenzen, die bis heute nach den Anweisungen von Dr. Edward Bach (1886-1936) hergestellt werden. Ihre Wirkung beruht auf der Harmonisierung von Seelenzuständen (Angst, Kummer, Gleichgültigkeit, Unentschlossenheit, Mutlosigkeit usw.); dabei wird der negative Zustand mit der positiven Schwingung der entsprechenden Blütenessenz überlagert und ins Positive gewandelt (beispielsweise Verzagtheit in Mut, Unentschlossenheit in Entscheidungsfreude, Sorge in Urvertrauen usw.).

Als einführende Lektüre empfehle ich dir die Bücher von Edward Bach.

Auswahl einer individuellen Bach-Blüten-Mischung

Die Original-Bach-Blüten sind gemäß einer allgemein angewendeten Reihenfolge (alphabetisch nach den englischen Namen) nummeriert; die Liste findest du auf Seite 208.

Die Auswahl der für dich geeigneten Mischung kannst du auf eine der folgenden Arten vornehmen:

• Aufgrund der Beschreibungen der Seelenzustände, die du in den Büchern von Dr. Bach und anderen Autoren findest, wählst du die Blüten aus, die auf deine momentane Situation zutreffen.

• Du ziehst blind Karten aus dem Bach-Blüten-Kartenset (im Handel erhältlich) und überlässt die Auswahl so deiner Inspiration.

• Ebenfalls intuitiv kannst du mit geschlossenen Augen nach den Essenzen-Fläschchen greifen.

• In diesem Buch habe ich in jedem Kapitel eine Auswahl der geeigneten Bach-Blüten für das Thema des jeweiligen Kapitels aufgeführt. Dabei gehst du wie folgt vor:

1. Wähle zuerst aus der Tabelle „Haupt-Blüten" die Aussagen, die auf dich zutreffen, und trage die entsprechenden Nummern in die Kästchen unter der Tabelle ein.

2. Dann kannst du in der Tabelle „Zusatz-Blüten" überprüfen, ob eine oder mehrere Aussagen auf dich ebenfalls zutreffen, und die entsprechenden Nummern wiederum in die

Kästchen unter dieser Tabelle eintragen. Insgesamt solltest du aus den beiden Tabellen zusammen nicht mehr als sechs Blüten wählen; es dürfen aber auch weniger sein.

Zubereitung der individuellen Bach-Blüten-Mischung

Du hast zwei Möglichkeiten:

• Deine individuelle Mischung aus den konzentrierten Essenzen selbst zubereiten. Diese Essenzen nach der Original-Rezeptur von Dr. Edward Bach erhältst du als komplettes Set oder als Einzelfläschchen in Apotheken, die Naturheilmittel verkaufen. Auch im Internet gibt es zahlreiche Anbieter, bei denen du diese Produkte bestellen kannst.

Für deine persönliche Mischung benötigst du eine 30-ml-Pipettenflasche (diese erhältst du ebenfalls in der Apotheke). In das Fläschchen füllst du zur Hälfte eine hochprozentige Spirituose, wie Cognac oder Whisky, und zur Hälfte Mineralwasser. Dann gibst du von den ausgewählten Essenzen je zwei Tropfen hinein.

• Du kannst dir deine gewünschte Mischung in einer Apotheke zubereiten lassen (dieses Angebot findest du auch im Internet).

Einnahme der Bach-Blüten-Mischung

Nimm 3- bis 4-mal täglich jeweils 4 bis 5 Tropfen deiner zubereiteten Bach-Blüten-Mischung, erstmals am Morgen gleich nach dem Aufstehen und letztmals am Abend vor dem Schlafengehen.

Träufle die Tropfen aus der Pipette auf deine Zunge und achte darauf, die Pipette nicht mit deinem Mund in Berührung zu bringen.

Liste der Bach-Blüten

Nr.	Englische Bezeichnung	Deutsche Bezeichnung
1	Agrimony	Gemeiner Odermennig
2	Aspen	Espe (Zitterpappel)
3	Beech	Rotbuche
4	Centaury	Tausendgüldenkraut
5	Cerato	Bleiwurz
6	Cherry Plum	Kirschpflaume
7	Chestnut Bud	Knospe der Rosskastanie
8	Chicory	Wegwarte
9	Clematis	Gewöhnliche Waldrebe
10	Crab Apple	Holzapfel
11	Elm	Englische Ulme
12	Gentian	Herbstenzian
13	Gorse	Stechginster
14	Heather	Schottisches Heidekraut
15	Holly	Europäische Stechpalme
16	Honeysuckle	Geißblatt
17	Hornbeam	Hainbuche
18	Impatiens	Springkraut
19	Larch	Europäische Lärche
20	Mimulus	Gefleckte Gauklerblume
21	Mustard	Ackersenf
22	Oak	Eiche
23	Olive	Olivenbaum
24	Pine	Schottische Kiefer
25	Red Chestnut	Rote Kastanie
26	Rock Rose	Gelbes Sonnenröschen
27	Rock Water	Fels-Quellwasser
28	Scleranthus	Einjähriger Knäuel
29	Star of Bethlehem	Dolden-Milchstern
30	Sweet Chestnut	Edelkastanie
31	Vervain	Eisenkraut
32	Vine	Weinrebe
33	Walnut	Walnussbaum
34	Water Violet	Wasserfeder
35	White Chestnut	Weiße Rosskastanie
36	Wild Oat	Waldtrespe
37	Wild Rose	Heckenrose
38	Willow	Gelbe Weide

ANLEITUNG ZUR VERWENDUNG VON HEILSTEINEN

Ich will vorausschicken, dass ich mich mit Heilsteinen nicht auskenne. Die Empfehlungen in diesem Buch verdanke ich Kollegen, die sich damit beruflich beschäftigen. Aber ich finde Steine schön und verwende sie selber immer wieder – und spüre, dass sie mir guttun.

Wirkungsweise der Heilsteine

Seit Tausenden von Jahren werden Steine für die Heilung verwendet, im alten Indien ebenso wie im mittleren Osten und bei den Indianern Nordamerikas; zu uns ist das Wissen wohl über die Griechen gelangt und vor allem durch die heilige Hildegard von Bingen (1098-1179).

Die Wirkung von Heilsteinen wird, wie so manche alternative Therapiemethode, von der Schulmedizin nicht anerkannt, weil sie nicht wissenschaftlich bewiesen ist. Ohne an dieser Stelle auf eine Diskussion über Krankheit und Heilung einzugehen, nur ein Denkanstoß: Liest man medizinische Studien über Medikamente der Pharmaindustrie, so staunt man nicht schlecht über die hohe Wirksamkeit der Placebos (Scheinmedikamente); nicht selten wirkt ein Placebo bei über 50 Prozent der Testpersonen ebenso gut wie das richtige Medikament, sogar wenn die Patienten wissen, dass es sich nur um ein Placebo handelt!

Die Wirkung von Heilsteinen beruht im Wesentlichen auf deren Schwingung: Die unterschiedliche Zusammensetzung der Atome und Struktur der Kristallgitter, aber auch die Form und die Farbe, verleihen jedem Stein seine besonderen Eigenschaften, die von ihm ausstrahlen und vom Menschen aufgenommen werden. Welcher Stein für welchen Seelenzustand/welche Krankheit geeignet ist, beruht auf jahrtausendealtem intuitivem und empirischem Wissen.

Wie die Bach-Blüten, wirken auch die Heilsteine auf der energetischen Ebene, indem sie vor allem die Meridiane, die Chakren und die Aura beeinflussen: Die aufgenommene Schwingung überlagert eine ähnliche in uns vorhandene Schwingung, verändert dadurch Emotionen, Gedanken und Verhaltensweisen und damit auch körperliche Symptome.

→ Chakra: siehe Glossar Seite 211

Anwendung von Heilsteinen

Die gebräuchlichste Art, die Schwingung des Heilsteins aufzunehmen, ist das Tragen auf dem Körper, beispielsweise in der Hosentasche oder in Form eines Anhängers. Nachts kannst du den Stein auch unter das Kopfkissen oder auf das Nachttischchen legen.

Große Steine wie Rosenquarz und Amethyst stellst du im Raum auf (beispielsweise in der Nähe des Computers, um dessen Strahlung zu neutralisieren).

Du kannst Heilsteine auch in frisches Wasser legen und dieses dann trinken.

Pflege von Heilsteinen

So wie wir die Schwingung des Steins aufnehmen, lädt sich der Stein mit den Energien seiner Umgebung auf. Davon muss er von Zeit zu Zeit befreit (entladen) werden; seine eigene Schwingung verliert der Stein nie, doch Sonnenlicht oder Kristallgruppen können seine Kraft verstärken (ihn aufladen).

Die Reinigung und das Aufladen der Heilsteine ist eine ebenso viel diskutierte Wissenschaft wie die Wirkungsweise selbst und es gibt im Grunde genommen für jeden Stein besondere Empfehlungen.

Als allgemeine Regel gilt: Die meisten Heilsteine kannst du unter fließendem Wasser reinigen und entladen und an der Sonne oder in einer Kristallgruppe aufladen (es gibt allerdings Steine, die kein Sonnenlicht vertragen).

Bei den Heilstein-Empfehlungen in diesem Buch habe ich jeweils auch angegeben, wie man den betreffenden Stein am besten verwendet und reinigt.

GLOSSAR

Ich beschränke mich auf kurze Erläuterungen zum Verständnis der Texte dieses Buches. Im Zeitalter des Internets kannst du ja alles mühelos vertiefen, falls du ein besonderes Interesse an einem Begriff hast.

Advaita-Vedanta (Sanskrit); Advaita = nicht zwei; Vedanta = Vollendung des Veda (Wissen, Sammlung hinduistischer heiliger Schriften). Der Advaita-Vedanta ist eine monistische Lehre, welche besagt, dass es nur Eines gibt (das Göttliche): alles ist das Göttliche, die Erscheinungsformen in der Welt sind → Maya (Illusion). Die Aufgabe des Menschen ist es, der Illusion zu entkommen und diese Einheit zu erkennen. Der wichtigste Vertreter des Advaita-Vedanta ist Shankara.

Ashram (auch: Aschram) (Sanskrit) = Ort der Anstrengung
Eine spirituelle Anlage in Indien, einem Kloster vergleichbar, in der jeweils ein Guru seine Anhänger zusammenschart. Die Jünger leben in der Regel im Ashram und folgen den Belehrungen des Meisters, meditieren, beten und führen weitere spirituelle Praktiken aus.

Bhagavadgita (auch: Bhagavad Gita) (Sanskrit) = Gesang des Erhabenen
Ein im 1. oder 2. vorchristlichen Jahrhundert verfasster spiritueller Text aus Indien; es ist der populärste heilige Text im → Hinduismus und wurde in unzählige (auch westliche) Sprachen übersetzt. Viele Kapitel der Bhagavadgita befassen sich mit den Situationen und den Problemen des konkreten Lebens. Ich empfehle die Übersetzung von Sri Aurobindo.

Brahman/Satchitananda (Sanskrit)
Der eine, absolute, transzendente Gott im → Hinduismus.
Das all-seiende, all-bewusste und all-glückselige Göttliche wird auf Sanskrit als Satchitananda beschrieben:
• Sat: reines Sein, Existenz;
• Chit: reines Bewusstsein, auch Wissen;
• Ananda: Glückseligkeit, die reine Freude.
Satchitananda ist die Beschreibung des eigentlich unbeschreibbaren Brahman.

Brahmane
Angehöriger der obersten Kaste im indischen Kastensystem, ursprünglich religiöser Lehrer und Priester; heute üben die Brahmanen jeden Beruf aus.

Chakra (Sanskrit = Rad, Scheibe, Kreis, Kreislauf und verwandte Begriffe)
Chakren, im Hinduismus, Buddhismus und der westlichen Esoterik geläufig, sind Zentren von Bewusstsein und subtiler Lebensenergie. Sie sind die Verbindungspunkte zwischen dem physischen und dem feinstofflichen Körper. Man spricht meistens von sieben Hauptchakren und einer Vielzahl von kleineren Nebenchakren. Die sieben Hauptchakren liegen entlang der feinstofflichen Wirbelsäule (Sushumna) und sind über Nadis (elektrische Leitungen) miteinander verbunden.

Ego (Latein) = Ich
In der Spiritualität als das „niedere" Ich verstanden, im Gegensatz zum höheren Selbst oder der Seele.

Egoisch

Egoisch ist das Adjektiv zu Ego, mit der Bedeutung von „zum Ego gehörend", ohne die negative Wertung, die in „egoistisch" (Adjektiv zu Egoismus) steckt. So ist eine egoische Eigenschaft nicht zwangsläufig egoistisch – dennoch für unsere spirituelle Entwicklung und unsere Zufriedenheit nicht förderlich, weil das Ego auf kurzfristigen Genuss ausgerichtet ist, keine Rücksicht auf das innere Wachstum nimmt und oft auch nicht auf die längerfristigen Folgen.

Geburt/Eintritt der Seele in den Körper

Die Geburt ist der erste kritische Übergang zwischen zwei Lebensphasen, nämlich das Verlassen der Geborgenheit im Mutterleib und der Eintritt ins irdische Leben. Es gibt verschiedene Meinungen darüber, wann die Seele in den Körper kommt: bei der Zeugung, irgendwann während der Entwicklung im Mutterleib oder erst bei der Geburt. Möglicherweise ist dies nicht einheitlich, nicht bei jedem Menschen, jeder Seele gleich. Wir Menschen meinen zwar, alles müsse sich stets an bestimmte Regeln oder Gesetzmäßigkeiten halten, doch ob es im Bereich des Göttlichen auch gilt oder alles nach anderen, unserem menschlichen Verstand fremden und unfassbaren Kriterien erfolgt, wissen wir nicht.

Gnade

Gnade bezeichnet ein „Geschenk" des Göttlichen, das nicht auf unserem Bemühen oder Verdienst beruht und (wie die „Erleuchtung") nicht erzwungen werden kann. Gnade ist nicht an menschliche Vorstellungen von Gerechtigkeit oder Belohnung/Strafe gebunden und unterliegt nicht dem → Karma-Gesetz.

Das Göttliche

Der Begriff Gott"hat bei uns oft einen kirchlichen Beigeschmack und viele Menschen verbinden damit einen willkürlichen, strafenden Gott und Lehren von Sünde und Hölle. Deshalb verwende ich ausschließlich den Begriff „das Göttliche" (im Englischen oft: THE DIVINE*). Darunter verstehe ich die höhere Macht, das Absolute, der Erhabene, die Wahrheit. Im Hinduismus heißt diese höchste Instanz → Brahman, nicht zu verwechseln mit Brahma, einer Gottheit unter vielen.*
Selbstverständlich kann jeder Leser in Gedanken den Begriff verwenden, der für ihn stimmt: Gott, Macht, Allah, Brahman oder andere.

Hinduismus

Vor allem in Indien verbreitete Religion, die in ihrer philosophischen Ausprägung monotheistisch ist. Die vielen Gottheiten sind nur Emanationen oder Aspekte des einen Gottes, die in der Volksreligion verehrt und angebetet werden. Wie bei allen Religionen gibt es auch im Hinduismus verschiedene Richtungen, Schulen und Dogmen.

Karma-Gesetz

Nach indischem Glauben die Gesetzmäßigkeit von Ursache und Wirkung. Es besagt, dass jede Tat, auch die unbedeutendste, eine Wirkung auf den Täter hat, die sich in diesem oder einem künftigen Leben entfaltet (impliziert den Glauben an die Wiedergeburt), in dem Sinne, dass eine gute Tat Gutes und eine böse Tat Böses bringt. Es wird im Volksglauben oft als ein unverrückbares Gesetz betrachtet; es gibt im Hinduismus allerdings auch philosophische Richtungen (z.B. der integrale Yoga von → Sri Aurobindo), die eine göttliche → Gnade kennen, die in das Karma-Gesetz eingreifen kann.
Karma an sich bedeutet Tat, Werk; das Handeln oder Werk eines Menschen; die Kraft, die durch ihr Wirken die Evolution und die wiederholte Rückkehr der Seele in die Existenz bestimmt.

Karma bezeichnet einerseits die Summe der vergangenen Taten aus diesem und den früheren Leben, andrerseits jede Tat, die wir begehen und durch welche wir neues Karma schaffen.

Krise
Das Wort KRISIS *stammt aus dem Griechischen, abgeleitet aus dem Verb* KRÍNEIN, *was trennen und (unter-)scheiden bedeutet. Die Krisis ist demnach eine Entscheidung, eine entscheidende Wendung. In die deutsche Sprache hat das Wort Krise über das lateinische* CRISIS *gefunden.*

Lila (Sanskrit) = Spiel, Belustigung
Lila bezeichnet das Spiel des Göttlichen, bei welchem das Göttliche die Schöpfung auch als Spiel zwischen ihm und den Menschen ansieht. In den nicht dualistischen Richtungen des → Hinduismus beschreibt Lila die gesamte Realität, also die ganze Schöpfung → vergleiche Maya.

Maya (Sanskrit) = Illusion, Zauberei
Im Hinduismus ist es die Illusion, die uns vorgaukelt, es gebe das Göttliche UND *die Schöpfung – in Wahrheit gibt es nur das Eine, das Brahman. Maya wird zuweilen auch als Göttin personifiziert.*

The Mother
Geboren in Paris als Mirra Alfassa (1878-1973), lebte sie seit dem Ende des 1. Weltkriegs in Indien im → Ashram von → Sri Aurobindo, dessen Leitung er ihr 1926 übertrug; sie wurde, als Mutter des Ashrams, „The Mother" genannt und unter diesem Namen sind ihre Werke erschienen. 1968 gründete sie Auroville, die „universelle" Stadt zum integralen Zusammenleben, ein von der UNESCO unterstütztes Projekt. Ihre spirituellen Lehren gab sie in Gesprächen, Briefen und anderen Schriften weiter, die in Form zahlreicher Bücher herausgegeben wurden.

Nirwana (auch: Nirvana) (Sanskrit) = wörtlich: verwehen
Austritt aus dem Kreislauf der Wiedergeburten und des Leidens, durch „Erwachen" oder „Erlöschen". Es wird oft als ein Zustand der Leere oder der absoluten Glückseligkeit beschrieben. Der Weg dahin beruht auf dem Loslassen aller Anhaftungen.

Satchitananda → Brahman

Seele
In Philosophie, Religion und Esoterik, aber auch im alltäglichen Sprachgebrauch, ist mit Seele nicht immer das Gleiche gemeint. Ich verstehe darunter den nicht materiellen, unsterblichen Teil von uns, der sich durch die Erfahrungen und Erkenntnisse entwickelt, an Bewusstheit gewinnt und zum Göttlichen hin strebt. Es ist der Teil in uns, aus welchem die Innere Stimme kommt, der Teil, der uns zum Guten antreibt. Die Seele ist somit keinesfalls mit Verstand, Vernunft, Gefühl oder dem Unbewussten gleichzusetzen, die zum sterblichen Ich (→ Ego) gehören.

Sri Aurobindo
Indischer Philosoph und Mystiker (1872-1950), Begründer des integralen Yoga, der unter anderem auf dem Karma-Yoga und der Bhagavadgita beruht und nicht den Rückzug von der Welt und die Vernichtung des Ego fordert, sondern dessen Transformation zum Höheren.

Transzendieren
Aus dem lateinischen TRANSCENDERE *= hinüberschreiten*
Transzendieren bedeutet demnach: eine Grenze überschreiten; im spirituellen Sinn ist damit die Grenze zwischen unserer sichtbaren beziehungsweise illusorischen und der jenseitigen, göttlichen Welt gemeint.

Übersicht über die Sonnwandeln-Buchreihe

Kap. 6: Einsamkeit und Alleinsein

• Die Illusion, das Leben mit jemandem zu teilen • Äußeres Alleinsein oder innere Einsamkeit • Getröstet werden ist oft hinderlich • Das kosmische Schauspiel und der Lebensfilm • Gibt es Menschen, die eine wichtige Rolle in meinem Leben spielen? • Warum finde ich keinen Partner? • Ich kann nicht allein sein

Band IV: Unsere innere Welt
(erscheint voraussichtlich 2017)

Kap. 1: Mein Ego, dein Ego

• Die Entstehung des Ego in der Evolution und dessen Sinn • Die Dualität und die wirkende Natur • Die Elemente unseres Ego • Auch ein „erweitertes" Ego ist immer noch ein Ego! • Der Umgang mit anderen Egos • Die Illusion des Ichs • Wie werde ich das Ego los?

Kap. 2: Denken und Fühlen

• Die Wechselwirkung zwischen Denken und Fühlen • Intuitionen und höhere Wahrheiten kommen von außen • Denken, Fühlen und das Unbewusste • Das Denken macht uns zu denkenden Tieren, nicht zu spirituellen Wesen • Aus den im Gehirn gespeicherten Informationen kann nichts Neues entstehen • Worauf sollen wir denn sonst unsere Entscheidungen gründen, wenn Denken und Fühlen uns nicht helfen? • Vergangenheit und Zukunft existieren nur in Gedanken und Emotionen

Kap. 3: Wünsche und Begehren

• Die evolutionäre Funktion der Wünsche • Der Baum der Erkenntnis • Bewertung von Angenehmem und Unangenehmem als Grundlage der Wünsche • Verzicht üben oder bloß auf Wünsche verzichten? • Glück finden in der Wunscherfüllung? • Der Wunsch zu helfen • Und der Wunsch, spirituell weiterzukommen? • Langweilige ewige Zufriedenheit!

Kap. 4: Anhaftung und Loslassen

• Das Vergängliche genießen ohne anzuhaften • Loslassen, um nicht mehr zu leiden? • Ist es nicht normal, geliebte Menschen um sich haben zu wollen? • Bettelarm und asketisch durchs Leben? • Die Illusion, die Anhaftung besiegt zu haben • Den Verlust des Geliebten nicht fürchten • Leiden loswerden oder lernen damit umzugehen?

Kap. 5: Woher nehme ich die Kraft?

• Übermenschliche Kräfte: woher kommen sie? • Bei der Ernährung auf die Schwingung der Lebensmittel achten • Die Energie der göttlichen Mutter • Die drei alltäglichen Energiefresser, im Detail erläutert • Natürliche und sakrale Kraftorte • Energievampire • Gibt Liebe Kraft? • Niemals aufgeben: das gibt Kraft!

Kap. 6: Krank oder heil?

• Es gibt nur eine Krankheit, ebenso wie es nur eine Gesundheit gibt • Die tiefere Symbolik der Krankheit • Wie wir die Krankheit rechtzeitig wahrnehmen und sie aufhalten können • Heil sein bedeutet ganz sein •

Spirituelle Erkrankungen • Heilmethoden und die Selbstheilungskraft des Körpers • Welche Bedeutung haben Unfälle? • Schwere Erkrankungen bei jungen Menschen • Die Angst vor Krankheit

Band V: Das spirituelle Leben
(erscheint voraussichtlich 2018)

Kap. 1: Absolute Hingabe oder Freizeitspiritualität?
• Wir können nicht zwei Herren dienen: Solange wir noch weltliche Ziele verfolgen, erlangen wir das Göttliche nicht • Voraussetzungen für die vollständige Hingabe • Die Entscheidung für den spirituellen Weg bedingt keinen Rückzug aus der Welt • Einem Lehrer folgen oder alles aus eigener Kraft schaffen?

Kap. 2: Was gehört zu mir und was ist fremd?
• Die feinstofflichen Elemente Gedanken und Emotionen • Andere Ebenen des Seins jenseits der materiellen Dimension • Das Wahrnehmen fremder Energien • Besessenheit • Übertragung von Energien auf Mitmenschen • Unterscheiden zwischen Eigenem und Fremdem • Jeden Kontakt mit „schlechten" Menschen meiden? • Die Schwingungen von Musik, Texten, Bildern und ihre Wirkungen auf uns • Negative Schwingungen an bestimmten Orten

Kap. 3: Heilige Schriften: nur für Schriftgelehrte?
• Erläuterung einzelner Passagen aus Veden, Upanishaden, Bhagavadgita, Neuem Testament • Einem Glaubenssystem blind vertrauen und folgen? • Die Wahrheit ist in uns und im Leben selbst • Verständnis und Interpretation • Diverse Zitate von Laotse, dem Buddha, aus dem Sufismus, der Kabbala

Kap. 4: Inneres und äußeres Leben
• Der Rückzug in die Welt der Seele • Das Außen verwandeln • Mit den inneren Augen schauen • Übungen, um die innere Welt zu erfahren • Das Leben in der inneren Welt und die Konsequenzen auf unser äußeres Verhalten • Hindernisse im inneren Leben • Sich eine Weile vollständig aus der Welt zurückziehen? • Verzicht • Gebet und Meditation

Kap. 5: Und wo bleibt die Erleuchtung?
• Beschreibungen und Berichte über die Gottesverwirklichung aus verschiedenen Religionen und Zeitepochen • Zitate aus der Bhagavadgita zur Erleuchtung • Wie und wann erlangen wir die Gottesverwirklichung? • Brauchen wir dazu einen Guru oder Meister?

Von der gleichen Autorin
im nada Verlag erschienen

Karin Jundt
Karma Yoga – Auf dem sonnigen Weg durch das Leben
Taschenbuch, 140 Seiten, ISBN 978-3-907091-03-6

Der Karma Yoga, eine jahrtausendealte Lehre aus Indien, ist im Westen kaum bekannt. Obwohl es sich im Ursprung um einen spirituellen Weg handelt, kann man ihn, unabhängig von der eigenen religiösen und philosophischen Ausrichtung, zur wohltuenden Veränderung der inneren Haltungen praktizieren.

Seine Erkenntnisse lassen sich leicht in das normale Leben einbauen und machen den Alltag selbst zum Übungsplatz, ohne dass man sich gesondert Zeit nehmen muss für spezielle Praktiken, wie Meditation oder Körperübungen.

Den Grundsätzen des Karma Yoga zu folgen, führt zu einem Dasein mit weniger Ängsten und Sorgen und mehr Zuversicht und Mut. Das ist auch das Anliegen der Autorin: einen einfachen, verständlichen Leitfaden anzubieten, mit konkreten, alltagsbezogenen Anregungen, um das Leben im Hier und Jetzt zu erleichtern und zufriedener zu gestalten.

In ihrem Buch beleuchtet sie vor allem die Themen Urvertrauen, Selbstwertgefühl/Selbstliebe und Gleichmut – und natürlich das Handeln, das zentrale Element des Karma Yoga.

Karin Jundt hatte sich schon verschiedenen spirituellen Richtungen zugewandt, unter anderem christlichen und buddhistischen, bevor sie dem Karma Yoga begegnete.

Seit über zwanzig Jahren lernt, lebt und lehrt sie diese Philosophie, worin sie nicht nur ihren eigenen spirituellen Weg erkannt hat, sondern auch ein Instrument, um im diesseitigen Leben, im gewöhnlichen Alltag, Erfüllung zu finden.

Website der Autorin: www.karma-yoga.eu

Karin Jundt
Ich liebe mich selbst und mache mich glücklich
Taschenbuch, 136 Seiten, ISBN 978-3-907091-04-3

Karin Jundt sagt von sich, sie habe erst im Alter von 40 Jahren festgestellt, dass ihr das Selbstwertgefühl und die Selbstliebe fast vollständig fehlten. Sie macht diesen Mangel verantwortlich für viele ihrer früheren Probleme mit den Mitmenschen und für eine periodisch auftretende, nicht näher definierbare Unzufriedenheit. Nach dieser Einsicht begann sie, am Aufbau ihrer Selbstliebe zu arbeiten, und erkannte mehr und mehr, wie unerlässlich sie für ein erfülltes, glückliches Leben ist.

Selbst darin gefestigt, entwickelte sie auf der Basis ihrer eigenen Erfahrungen eine Methode zum Aufbau und zur Stärkung der Selbstliebe, die sie viele Jahre lang in Seminaren und Kursen lehrte.

Mit diesem Buch gibt sie ihre Methode nun ebenfalls weiter. Es handelt sich um einen Leitfaden, der wie ein Kurs mit Aufgaben und Übungen aufgebaut ist. In den ersten Kapiteln werden die Grundlagen des Selbstwertgefühls und der Selbstliebe dargelegt. Der Hauptteil befasst sich mit der Selbstanalyse und der Betrachtung der Verhaltensmuster, die auf ein niedriges Selbstwertgefühl und eine schwache Selbstliebe hinweisen, und zeigt dann den Weg auf, um neue Verhaltensweisen Schritt für Schritt einzuüben und alte hinderliche Muster abzulegen.

Karin Jundt
Ich liebe mich selbst 2
Taschenbuch, 156 Seiten, ISBN 978-3-907091-06-7

Bei diesem Buch, von der Autorin als Fortsetzung und Ergänzung ihres ersten Wegweisers zu diesem Thema konzipiert, handelt es sich um eine konkrete Anleitung zum Aufbau und zur Stärkung des Selbstwertgefühls und der Selbstliebe. In jedem der 26 kurzen Kapitel befasst sie sich mit einer Verhaltensweise, die auf eine schwache Selbstliebe hindeutet, und schlägt eine auf den gewöhnlichen Alltag ausgerichtete Übung vor, um diese Verhaltensweise zu verändern. Es geht dabei um unsere Abhängigkeit von anderen Menschen, um Verlustangst, Selbstbestimmung, aber auch um Perfektionismus, Überheblichkeit, mangelnde Spontaneität und nicht zuletzt um die Ängste.

Die von ihr vermittelten Erkenntnisse und Einsichten sind aus dem Leben gegriffen, ihre Übungsvorschläge und Tipps für alle praktikabel. Der Alltag ist die Schule der Selbstliebe.

Website der Autorin: www.selbstliebe.ch